L'ÉGYPTE INTÉRIEURE
OU LES DIX PLAIES DE L'ÂME

« *Espaces libres* »

ANNICK DE SOUZENELLE

L'ÉGYPTE INTÉRIEURE

ou les dix plaies de l'âme

Albin Michel

Albin Michel
▪ *Spiritualités* ▪

Collections dirigées par
Jean Mouttapa et Marc de Smedt

22, rue Huyghens, 75014 Paris

ISBN 2-226-09350-8
ISSN 1147-3762

Je dédie ce livre à la mémoire de Miryam Aberdam, mon amie d'Israël, avec qui j'ai maintes fois abordé ce grand sujet.

Introduction

Le sujet de cet ouvrage est tiré d'un récit biblique raconté dans le livre de l'Exode. J'ai déjà eu plusieurs fois l'occasion de le traiter succinctement au cours de quelques conférences, et plus amplement dans des séminaires d'études à l'issue desquels bon nombre d'auditeurs m'ont demandé de consigner par écrit ce sur quoi nous venions de méditer ensemble.

Je crois que je suis beaucoup plus accessible par la parole que par l'écriture, la parole laissant jaillir la vie que l'écriture risque de figer, une vie qui ne laisse ni ambiguïté ni malentendu alors qu'un écrit trop elliptique — comme l'est souvent le mien — comporte ce danger.

Je me décide cependant à écrire et serai attentive à être le plus explicite possible.

Mais cette remarque m'amène à poser dès le départ quelques précisions que je supposerai acquises par le lecteur au cours de l'ouvrage, car il m'est difficile d'alourdir le texte de leur réitération.

Comme celle-ci par exemple :

Nous allons nous appuyer sur un temps historique de la vie des Hébreux qui, entre le XIXe et le XIVe siècle avant l'ère chré-

tienne, ont vécu en Égypte, s'y sont multipliés jusqu'à devenir une force que le Pharaon, roi d'Égypte, a maintenue en rude esclavage.

Parmi eux, un homme, Moïse, a soudain eu conscience de l'esclavage intérieur que cette situation extérieure révélait. Il a pris la décision « d'en sortir », c'est-à-dire, essentiellement, de se libérer de ses servitudes intérieures, de ses haines, revendications, peurs, etc., qui le rendaient prisonnier de lui-même. Ceci l'a amené très concrètement, dans un premier temps, à quitter l'Égypte, et dans un deuxième temps, sur ordre divin, à retourner dans ce pays pour en libérer la totalité des Hébreux ; ce à quoi Pharaon, jouissant grâce à eux d'une exceptionnelle main-d'œuvre, s'opposa violemment.

Sous la protection divine, la sortie d'Égypte de ce peuple se fit malgré tout. Elle est fêtée solennellement encore aujourd'hui par nos frères juifs sous le nom de « la Pâque » ; elle peut donc être entendue sur deux registres au moins.

Le premier est d'ordre historique ; et je ne fais pas ici œuvre de critique historique.

Le deuxième est celui sur lequel nous pouvons tous déchiffrer nos aliénations intérieures et le chemin qui nous est proposé pour « en sortir ». C'est à celui-là que je vais m'arrêter.

Dans cette perspective, l'« Hébreu » symbolisera en nous celui en qui s'ouvre un espace de conscience allant en s'agrandissant par des mutations successives, alors que l'« Égyptien » représentera celui qui reste bloqué par ses forces d'asservissement intérieur et qui s'oppose à toute montée de conscience.

L'un et l'autre, « Hébreu » et « Égyptien », sont nommés dans leur fonction symbolique respective, propre à cette histoire ; il n'est aucunement question de l'Hébreu et de l'Égyptien d'aujourd'hui, historiquement parlant, mais de ce qu'ils représentent en moi, en chacun de nous et dans l'humanité entière en partant de cette référence biblique et pour éclairer une situation qui, elle, est d'une brûlante actualité.

*Je voudrais aussi préciser que la traduction de l'hébreu en français, que je fais de ce texte et d'autres écrits bibliques cités, en particulier ceux de la Genèse, n'obéit pas toujours aux traductions courantes. Je me suis expliquée sur ce sujet dans les quatre tomes d'*Alliance de Feu *et dans l'ensemble de mes livres. Je ne fais que rappeler ici ce qui me semble essentiel à la lecture du présent ouvrage, à savoir :*

— Le nom d'Adam est peut-être celui d'un premier homme, mais ici, il est celui de l'humanité de tous les temps, celui de chacun de nous, hommes et femmes. Il est l'Homme.

— « Créé » au sixième jour de la Genèse, « à l'image de Dieu », il est appelé à être « fait à sa ressemblance » ; ce « faire », nettement distingué du « créer », est l'œuvre divino-humaine de toute vie, la dynamique de notre histoire, personnelle ou collective.

— Cet Adam est créé « mâle et femelle » ; cela signifie que sur un plan animal — celui du sixième jour — nous sommes biologiquement hommes et femmes capables de reproduction ; mais sur le plan de l'Homme émergeant à sa réelle dimension d'Homme, au-dessus de l'animal, capable de mutations pour aller vers la « ressemblance » — celui du septième jour — la signification est différente : tout être humain est alors « mâle » lorsqu'il « se souvient » (même mot hébreu) de l'immense potentiel dont il est constitué dans ses profondeurs ; ce potentiel est appelé la Adamah *; elle est mère des profondeurs, le pôle « femelle » au cœur duquel est scellée secrètement l'image divine, semence de tout être, qui fait sa personne propre, unique (bien que, paradoxalement et parce qu'il est image*

de Dieu, tout être est aussi l'humanité tout entière; chaque partie d'un tout reconstitue ce tout; cette loi de l'holistique est bien connue maintenant). Aller de l'image à la ressemblance, c'est accomplir ce potentiel dans le mariage mâle-femelle, celui-ci étant entendu au deuxième niveau cité plus haut. Ce mariage encore bien ignoré de nos exégèses va faire l'objet de l'étude que nous entreprenons ensemble.

— L'Arbre de la Connaissance qui est planté au milieu du jardin d'Éden, à la lumière de cette lecture, n'est pas celui de la connaissance « du bien et du mal »; ces deux derniers mots qualifient respectivement la lumière et la ténèbre c'est-à-dire, dans l'intériorité de l'Homme, la conscience, et ce qui est encore non conscient constituant le potentiel dont je viens de parler. Cet arbre est l'Homme lui-même (hommes et femmes) dans ses deux côtés conscient et inconscient, relatifs aux deux pôles respectifs mâle et femelle, et que l'Hébreu nomme : accompli et non encore accompli.

Lorsque, au deuxième chapitre de la Genèse, Dieu montre à Adam le côté (et non la côte!) non accompli de lui, Il lui fait découvrir cette partie « femelle » de lui, avec laquelle il était jusqu'ici totalement confondu — c'est le premier « processus de différenciation » cher à Jung — pour qu'il l'épouse. Ce côté-là de lui est lourd de la semence divine appelée par la Tradition le NOM. Chacun de nous est ensemencé dans son NOM secret. Cette semence est l'enfant divin que nous avons à faire croître au cours de ce mariage intérieur qui est encore l'aventure d'une grandiose gestation.

Il est absurde de penser que la femme biologique ait été tirée de la côte de l'Homme! Mais admirable que le féminin intérieur à tout être et lourd de la semence divine constitue le côté de nous dont, au départ, nous sommes totalement inconscients parce que nous sommes non moins totalement confon-

dus avec lui. C'est notre inconscient qui mène la danse de notre vie jusqu'à ce que tout à coup... la lumière d'un jour nouveau apparaisse ! Et la vie réelle commence ; elle est l'Ḫistoire de notre accomplissement.

— Enfin souvenons-nous qu'un drame se joue au cours de cet accomplissement ; il est appelé celui de la « Chute ». Il entraîne l'Homme à oublier sa vocation d'épousailles intérieures et donc d'enfantement de lui-même à d'autres niveaux de conscience ; il l'entraîne à normaliser son état d'inconscience dans une identification quasi totale à sa situation animale du sixième jour de la Genèse. C'est alors lui, cet état d'inconscience, qui engendre l'esclavage intérieur de l'Homme. L'« Hébreu », prototype de l'humanité, va être appelé à vivre concrètement cette situation dans une expérience historique de servitude extrême en Égypte.

Toute situation extérieure est révélatrice d'un état intérieur.

Je désire encore donner une précision pratique de lecture : lorsque je cite un mot hébreu, je ne l'écris pas en lettres hébraïques comme dans mes autres ouvrages, à l'exception du saint NOM YHWH, alors écrit יהוה*, en commençant par la droite. Pour les autres mots je ne fais qu'une translitération approximative, encore une fois pour ne pas alourdir les difficultés de lecture. Il y a cependant des lettres hébraïques qui n'ont pas leur correspondance en français. Pour l'une d'entre elles, le* Ḥeit, *j'emploierai la translitération convenue :* un *« ḥ » pointé à la base ; elle se prononce un peu comme un « r » français. L'un des fils de Noé est ainsi appelé Ḥam (prononcer Ram). Noé lui-même devrait être appelé Noaḥ, mais je garde à ces grands héros de nos mythes leur nom francisé.*

Une autre lettre demande aussi une explication, la lettre Beit *(qui correspond à notre « b » et se prononce de la même façon); elle s'adoucit parfois et se prononce alors « v »; dans ce cas elle comporte un petit tiret à sa base : « ḇ ». C'est ainsi que nous aurons à méditer sur le mot* Daḇar *qui signifie « le Verbe »; il se prononce* Davar.

Je rappelle enfin la correspondance traditionnelle qui existe entre chaque lettre de l'alphabet hébreu et les nombres. Nos langues occidentales ont perdu le contact avec cette mathématique du Verbe, le chant divin des nombres; elles sont devenues conventionnelles dans un mortel processus que j'appellerai de « chosification » — on en comprendra le sens au cours de la cinquième plaie d'Égypte! — or toute langue obéit aux rythmes et à l'harmonie du Verbe créateur; elle est faite de nombres qui régissent les lois universelles, de l'astrophysique à la microbiologie, et de leur musique qui sculpte le parlant.

L'alphabet hébreu n'est constitué que de consonnes, ce qui donne à la langue une admirable mobilité musicale et une rare signifiance dans les jeux de mots au fond desquels joue le Verbe divin!...

Voici enfin les abréviations qui désigneront respectivement chacun de mes ouvrages, car je m'y réfère souvent :

— Le Symbolisme du corps humain *(Éditions Albin Michel) : S. du C.*

— La Lettre Chemin de Vie *(Éditions Dervy Livres) : L. Ch. V.*

— Alliance de Feu *(Éditions Dervy Livres) : A. de F.*

Avant d'aborder ce livre, il me reste enfin à apprivoiser le lecteur à la situation que nous allons trouver en Égypte, où sévit, comme dans notre monde actuel, la loi de la jungle. Opprimeurs et opprimés s'affrontent dans des rapports de forces que recouvre une des plus admirables cultures de cette époque.

Toute culture est comme l'humus qui s'est développé à partir de données mystérieuses et universelles, autour d'une langue qui en a construit la richesse et le particularisme. Au cœur d'elle naît l'Homme qui va se trouver modelé par les sons de son verbe et par ses valeurs ; il est comme un arbre planté en terre et qui, nourri d'elle, reçoit la force de croître.

Mais l'Homme n'est pas que le fils de la terre extérieure. Sa semence est essentiellement plantée dans ce que le mythe biblique appelle la Adamah, *sa terre intérieure, pôle féminin dont je viens de parler plus haut, constituée de tout ce que ce même récit biblique décrit dans les six premiers jours de la Genèse — la lecture de ces six premiers jours étant aussi valable pour l'intériorité de l'Homme comme je l'ai montré dans* Alliance de Feu.

« L'image de Dieu » est la semence de l'Adam ; elle est un « micro-verbe », image du Verbe divin, qui fait de l'Homme un être doué de la fonction parolière — le seul parmi tous les animaux créés. Pour pouvoir parler, il devra vite se tenir debout dans son environnement extérieur.

Mais pour pouvoir devenir totalement Verbe, non plus semence, mais fruit de cet arbre, dans une dimension de « ressemblance », il devra se verticaliser dans sa terre intérieure.

Or j'ai parlé de la « Chute »...

Et tout se passe comme si la semence d'arbre plantée en terre de Adamah *enfonçait ses racines et poussait sa sève sans que celle-ci trouve la force de percer vers la lumière et de poursuivre sa croissance jusqu'au fruit.*

Tout se passe comme si une erreur de programmation ame-

nait son énergie à prendre pour la lumière les ténèbres de la terre et la conduisait alors à se rabattre à l'horizontale et à se fabriquer à ce niveau de fallacieux fruits, et dans ce cas, fruits de l'inconscience de l'Homme!

Cette inconscience projetée à l'extérieur crée le monde de jungle dont je parlais, et sa tragédie; elle fait proliférer la culture dans des catégories liées à la valeur de ces fruits : admirables, séduisants mais, eu égard à la véritable vocation de l'Homme, quasiment stériles.

Ce même mythe de la Bible nous dit cependant que cette fausse programmation n'est qu'un parasitage et que l'ontologique information reste intacte dans la semence d'Homme — j'entends par « ontologique » ce qui qualifie l'être réel, fondamental, de l'Homme.

Mais le parasiteur est diabolique!

Pour qui se laisse séduire par l'illusionniste, l'impasse est totale, la verticalisation rendue impossible. Cette impasse conditionne aujourd'hui toutes les cultures et ce conditionnement est le paradigme établi dans un consensus universel et incontestable — j'entends dans le mot « paradigme » le « modèle » qui rassemble toutes les valeurs et les lois qui les régissent; par exemple, le verbe « aimer » est le paradigme des verbes du premier groupe; mais j'extrapole le sens de ce mot aux valeurs d'un niveau de conscience (ici, d'inconscience!).

Pour qui a le goût de la semence et de son exigence de croissance, ce conditionnement est insupportable; bien que rabattue à l'horizontal dans de saintes lois ou de pieux moralismes, cette exigence éclate alors, mais souvent dans des anarchies destructrices, génératrices de grandes souffrances. On est en droit de se demander s'il existe quelque part une porte qui donnerait ouverture sur l'originel programme, en amont de la « Chute », et qui permettrait à l'arbre de retrouver le juste chemin de sa verticalisation.

Les mythes parlent de cette impasse comme d'un labyrinthe ; ce qui veut dire qu'il ne s'agit pas d'une impasse : un labyrinthe est constitué de fausses portes, de routes fallacieuses, d'impasses, mais aussi d'une issue réelle, quoique secrète.

Les mythes, ces grands conteurs de l'ontologique programme, connaissent l'issue mais la cachent à qui n'a pas le cœur d'y atteindre. C'est dans un langage sibyllin qu'ils la proposent.

Le langage reste sibyllin, voire enfantin et donc rejeté par les forts en thème, pour qui pose sur lui une grille mentale forgée dans les normes du labyrinthe. Mais celui qui pressent le langage de la semence rejette en tant que normes les valeurs qui l'étouffent ; il développe une écoute du cœur qui, lui, entend autre chose.

Une résonance s'établit, comme un lointain écho, mais qui devient de plus en plus proche, entre le chant du mythe et celui d'une mémoire secrète, qui tout à coup s'élève et fait se souvenir... Elle saisit l'être dans un souffle nouveau qui le porte à danser, à se faire vrille, flèche, à percer le ciel.

Il ne sait plus rien, si ce n'est que tout a pris sens et vie. Il n'est plus dans la prison du labyrinthe.

Son corps, oui, y est encore, son âme y est attachée, mais quelque chose d'elle ne lui appartient plus. Il va falloir travailler. Mais quoi ? Comment ? Une démarche s'amorce, encore labyrinthique peut-être mais dont il sait qu'elle a un sens, une issue de lumière !

Ce jeu de dialogue amoureux entre le mythe et la semence de l'Homme est une voie de libération d'une ampleur infinie ; il peut amener chacun à entrer dans ce nouveau souffle qu'en profondeur il cherche mais dont il a si peur aujourd'hui.

Parce que le langage du mythe est divin, on ne peut en

connaître l'origine; mais parce que notre semence est divine, elle n'a pas plus de commencement que le mythe et parle la même langue que lui! Notre bavardage couvre leur voix à tous deux, et si savant soit-il, il ressortit au labyrinthe et nous y enferme. Mais il devient aujourd'hui totalement inadéquat à une sorte d'exigence qui s'élève des profondeurs de l'Homme. Serait-elle celle de sa semence dont l'énergie, lasse d'aboutir à tant d'absurde, cherche un autre espace? En même temps que s'inscrit cette exigence, un maximalisme de la démence saisit le monde, et les êtres pris comme des rats au fond de leur nasse s'entre-tuent. La peur règne. Ces deux forces qui montent dans une synergie, bien qu'apparemment contradictoires, ne sont pas étrangères l'une à l'autre : elles témoignent d'une part de l'épuisement des valeurs de ce premier espace labyrinthique, qui ne répondent plus aux situations que cet espace engendre, et d'autre part, de l'indice d'une ouverture possible vers un autre champ de réalités se référant aux valeurs ontologiques.

Chez les Grecs, le mythe de Thésée dit bien que ce ne sont pas avec les ailes artificielles de nos techniques modernes que, nouvel Icare, nous atteindrons à cette ouverture, ni avec celles de Dédale, toutes gonflées de vétustes philosophies ou de naïves spiritualités. Dédale et Icare, héros de ce mythe, enfermés dans le labyrinthe que Dédale a construit, représentent les sagesses et les intelligences inhérentes à cet espace. Pour sortir de leur prison, ils se font apporter des ailes artificielles. Mais dans leur envolée, la cire qui attache ces ailes au dos des deux hommes fond au soleil et nos héros terminent douloureusement leur folle course. Les ailes qui permettront à l'Homme de s'élever au-dessus du labyrinthe, de prendre de la distance pour voir se débattre au fond de celui-là, sans issue à l'horizontale, une humanité appelée à prendre le chemin à la verti-

cale, sont celles que symboliquement il fera pousser de l'élargissement de ses poumons, jusqu'à l'infini...

Un autre souffle est nécessaire.

Et c'est lui que nous avons vu naître de la rencontre de l'Homme avec ses mythes fondateurs dont le langage, véritable objectivation de son propre langage encore inconnu, lui révèle le secret le plus précieux de son être.

1

Les deux Pâques

LES mythes bibliques ont nourri mon enfance. Je dis « mythes » même s'il s'agit de récits historiques rapportant la vie du peuple hébreu. Ces deux dimensions coexistent ; elles expriment deux réalités différentes dont l'une, historique, est signifiante de l'autre, d'ordre mythique, laquelle donne sens à la première.

> « Le visible se connaît à partir de l'invisible et l'invisible à partir des symboles que sont les choses visibles [1] »,

disait l'évêque Jean. Je veux parler du père Eugraph Kovalevsky, sacré évêque en 1964, sous le nom de Jean de Saint-Denis. Russe d'origine, il fut le restaurateur du christianisme orthodoxe en Occident, c'est-à-dire de la Tradition qui avait été la nôtre, en particulier sur notre terre des Gaules, jusqu'au schisme Orient-Occident de 1054.

Il était le souffle vivant de ce qui reliait toute chose à Dieu, et le communiquait à ses étudiants en théologie, dont je faisais partie, autant par son être que par son dire. C'est à lui que je dois d'avoir retrouvé l'expérience de la visite divine vécue autrefois, éblouissante pour l'enfant que n'a pas encore terni l'intellect. C'est lui qui m'a nourrie d'une intelligence neuve et de la sagesse qui se cache derrière toutes les sagesses du monde, devant laquelle se sont inclinés, venant de très loin, les trois mages de l'Évangile, qu'une étoile a conduits jusqu'à la crèche de Bethléem.

Folie que de suivre cette étoile !

Folie que d'aller du visible à l'invisible et que de revenir au visible pour remonter encore vers d'autres registres de réalités... ?

Tout simplement la vie ! A chacun de suivre son étoile et d'entrer dans cette respiration à laquelle elle nous convie, et dont l'amplification, un jour, devient l'expérience ineffable.

Ces récits bibliques, qui faisaient autrefois partie de notre cursus scolaire, ne décollaient pas de la toute première réalité. Il fallait accepter leur illogisme avec la sérénité d'un sot et surtout les vénérer comme étant ceux de l'Histoire du peuple de Dieu dont nous nous sentions complètement exclus, comme si l'incarnation du Verbe dans le monde ne concernait aucun des instants de notre vie.

L'« Histoire sainte », tel était son nom, si sainte fût-elle, n'était alors qu'une discipline parmi les autres, pour l'édification de notre culture.

Son contenu percutait cependant une autre dimension de nous-mêmes ; et je suis d'autant plus certaine de cela que je m'adresse aujourd'hui, au cours de mon enseignement, à une génération qui a été totalement privée de cette richesse culturelle : si Adam reste tout de même un nom de langage populaire, Noé, Abraham et les autres patriarches, Moïse ou Tobie, Jonas qui renvoie pourtant à l'un des plus grands archétypes de nos profondeurs, les femmes de la Bible... tous sont de parfaits inconnus !

Lorsque je parle d'eux à ces êtres au cœur aussi ouvert que les oreilles et au ventre affamé, je touche leurs profondeurs, mais le temps de la respiration nécessaire à l'assimilation de ces choses manque. La qualité de leur demande raccourcit ce temps et ils atteignent vite à l'acquisition du juste regard sur ces personnages et à la féerie de leur rencontre avec eux, en laquelle ils se rencontrent eux-mêmes !

Mais pourrais-je leur apporter ce festin si la lente assimilation de toute une vie ne m'avait permis de découvrir un jour le vrai visage de ces héros approchés autrefois ? Ne m'ont-ils pas apprivoisée peu à peu à leur monde de lumière comme nous le faisons à notre propre monde pour nos animaux familiers ?

Passer de ce monde animal à celui de l'Homme est l'expression tout à fait propre à ce qui se joue pour nous aujourd'hui et dont ces mythes, dans leurs forces vives, sont avec nous les acteurs.

Parce qu'ils ne font pas autre chose que de redonner à l'énergie de notre « semence » sa puissance et sa juste direction ; ils sont le Verbe de Dieu qui vient effacer le parasitage diabolique dont j'ai parlé plus haut pour rendre à cette force de germination sa pure programmation ; ils nous montrent le chemin du passage « par en haut » pour sortir du labyrinthe, monde animal, et pour entrer dans un espace d'Homme.

La Bible nous révèle l'exigence du chemin, l'étroitesse du passage, mais aussi l'ampleur de ce à quoi il ouvre ! Elle nous le révèle dans l'écriture d'un schéma de principe auquel sont consacrés les onze premiers chapitres de la Genèse.

Dans ce contexte, uniquement mythique sans doute, c'est un homme, Noé, qui assume le passage. La tradition chrétienne voit en lui les prémices du Messie. Le Messie, « oint » de Dieu, naîtra du peuple d'Israël ; il libérera la semence de l'Homme et en sera le fruit.

A partir du douzième chapitre de la Genèse, ce schéma entre dans l'Histoire en s'appliquant à la vie du peuple d'Israël, peuple élu, au cœur de l'humanité, à la montée messianique, à la montée de la sève de l'Arbre pour sa totale réalisation.

C'est le peuple hébreu, avec Moïse pour guide, qui fait le passage. Il met au monde le Messie. Le Messie est le Christ, Fils de Dieu et Fils de l'Homme en tant que fruit promis par la semence de l'Arbre.

Depuis le Christ, ce même schéma s'applique à toutes les nations et à chacun de nous en particulier, acculés que nous sommes à faire maintenant ce passage, ou à mourir. Cette sortie du labyrinthe est l'ouverture du chemin qui conduit à la totalité de nous-mêmes, à la dimension que promettait notre semence, celle du Christ. Elle est appelée « Pâque », d'un mot tiré de l'Hébreu : *Pesaḥ* (prononcer Pessar) qui rend compte en effet du passage, encore que, nous le verrons plus loin, il ne soit pas juste dans le sens du passage que fait l'Homme, mais dans celui que fait Dieu venant vérifier l'Homme.

Cette perspective nous permet de voir grandir l'Homme comme grandit un homme depuis sa naissance jusqu'à ce que devrait être son accomplissement total au moment où il quitte cette terre.

Mais ce serait encore plus simple de raccourcir ce temps et de le ramener à celui des neuf mois d'une gestation dans un ventre maternel, le germe d'enfant portant l'inscription du schéma de base. La montée de sève venant de la semence au sein d'une part privilégiée de l'enfant, analogue à celle qui se joue dans le peuple d'Israël pour l'humanité totale, se fait pendant les six premiers mois de la grossesse ; elle assure la formation anatomo-physiologique du fœtus. Le sixième mois voit l'explosion d'une nouvelle dimension de l'information originelle envahir la totalité de l'être de l'enfant et assurer la constitution de sa personne propre, son identité spirituelle, de telle sorte qu'au neuvième mois l'enfant est prêt à la naissance pour accomplir ce pour quoi il est créé.

Le passage du sixième mois au septième mois de la vie intra-utérine est analogue à celui du sixième au septième jour de la Genèse ou l'Homme sort du registre animal pour devenir, sous le souffle de l'Esprit de Dieu, « âme vivante », dans le réel registre de l'Homme [2]. C'est à la lumière de ce même symbole — passage du nombre six au nombre sept — que l'on peut comprendre pourquoi Noé a six cents ans lorsqu'il entre dans l'arche, c'est-à-dire lorsqu'il quitte le monde du déluge correspondant à une situation labyrinthique de « six », pour faire son passage dans une situation de « sept », celle de l'arche en laquelle il s'accomplit. De même, le peuple hébreu a quelque six cents ans d'existence, depuis la naissance de son père Abraham, lorsqu'il est mobilisé dans ses fondements pour faire sa « Pâque », sa sortie d'Égypte, pays dans lequel il est esclave et fait l'expérience d'un état de « six ». A cette même lumière encore, il est certain que la naissance historique du Christ s'inscrit au cœur du sixième mois de gestation cosmique de l'humanité — car il nous est permis de lire l'Histoire de l'Homme comme étant celle de la lente formation de l'Adam (l'Homme total) dans un ventre cosmique dont notre terre serait comme le placenta relié à Dieu dans une grandiose fonction de maternité.

L'apôtre Paul ne parle-t-il pas de

> « cette humanité qui gémit dans les douleurs d'un enfantement[3] » ?

C'est à cette lumière que la naissance du Christ apparaît marquer le sixième mois de gestation de l'Homme, celui-ci n'ayant encore atteint, à cette étape, qu'une dimension animale — ce qui ne veut pas dire que des hommes en particulier n'aient pas été jusqu'à la totalité du neuvième mois dans leur gestation personnelle, bien avant cette date décisive pour l'Homme total — nous en comprendrons par la suite la cause.

Jésus naît dans une crèche, réchauffé par le souffle d'un âne et celui d'un bœuf; Il naît pour conduire cette gestation de l'Homme total, et celle de chaque homme en particulier, à leur accomplissement dans les trois derniers mois de la matrice cosmique. Mais tout d'abord, Il apporte à ce sixième mois, par son ÊTRE même, et pour l'introduire dans le septième, une information d'une portée tout autre, spirituelle et universelle, qui doit saisir non plus l'unique peuple hébreu, mais la totalité des nations :

> « Allez, enseignez toutes les nations, baptisez-les au nom du Père, du Fils et du Saint-Esprit[4]. »

Elle traite, cette information, de la restauration de la semence de l'Arbre-Homme et de la résonance dans laquelle chacun peut entrer avec elle, comme est entré en résonance avec elle Jean-Baptiste, lorsque dans le ventre de sa mère, Élisabeth, au « sixième mois » de grossesse, il rencontra Jésus, Lui-même porté dans le ventre de sa mère, Marie. Celle-ci avait reçu la visite de l'ange Gabriel au « sixième mois » de l'année...

Tout parle.

Et tout nous dit que nous achevons, dans notre actuelle génération, le sixième mois de gestation cosmique de l'Homme. Un bouleversement nous saisit au bord de ce passage au septième mois. Notre « Pâque » est proche.

Comment la faire ?

C'est alors que je me tourne vers Moïse.

La tragédie du monde actuel pose une alternative pressante : ou bien nous nous coupons du souffle divin et postulons comme seule réalité le visible du labyrinthe dont nous savons qu'il est en train de se refermer sur nous et que nous mourrons en lui, lequel est analogue aux eaux du déluge dans le mythe de Noé, et à l'Égypte qui retient en esclavage le peuple hébreu dans l'histoire de celui-ci ; ou bien nous postulons le Verbe divin, notre semence, nous entrons dans son souffle et nous faisons la Pâque, le passage, lequel fera advenir dans le monde extérieur les réalités nouvelles atteintes dans notre Égypte intérieure, tissées d'une autre lumière, accordées à d'autres sons, frémissantes de Sa PRÉSENCE.

Je me tourne vers Moïse car il n'y aura pas de Pâque chrétienne sans Pâque juive ; mais il n'y aurait pas eu de Pâque juive sans la Résurrection du Christ, actuelle, présente, réelle dans chaque instant de l'Histoire des hommes, car, participant de l'éternité, le Christ informe chaque instant de l'Histoire.

Ces deux Pâques historiques, mais dont la seconde transcende aussi les temps, vont être intimement unies dans le regard porté sur notre actuelle et nécessaire « sortie d'Égypte ». Le Christ l'a lui-même assumée, depuis le changement de l'eau en Son Sang — première plaie — jusqu'à la mort du Fils — dixième plaie — pour la Résurrection que nous appelons la Pâque chrétienne.

NOTES

1. Paroles de l'évêque Jean de Saint-Denis, citées par A. et R. Goettmann dans *Le Sens d'un exode*, Éditions Béthanie, p. 73.
2. *Cf.* : A. de F., tome II, p. 13.
3. Romains VIII, 22.
4. Matthieu XXVIII, 19.

2

La descente en Égypte

LA semence de l'Arbre qu'est l'Homme, celle de chaque homme donc aussi, est YHWH, en hébreu יהוה. Il convient de lire l'hébreu de droite à gauche : י est Yod, ה est Hé, ו est Waw et le dernier ה, encore Hé. Le saint NOM est *Yod-Hé-Waw-Hé* épelé ainsi de chacune des quatre lettres qui le composent, mais jamais prononcé. Il est le divin Tétragramme. יהוה veut dire « JE SUIS ». Le Christ, semence de l'Adam total, semence de l'Homme, est YHWH. Il dit de Lui-même :

> « Avant qu'Abraham fut, JE SUIS[1]. »

et encore :

> « Si vous ne croyez pas que JE SUIS, vous resterez dans votre péché[2]. »

C'est-à-dire dans la servitude.

La servitude peut être vue comme le saint NOM ligoté en l'Homme (par ce « parasitage » dont j'ai parlé plus haut). Car tout être humain créé par le Verbe de Dieu est, en son noyau, le NOM; en son centre, il est «JE SUIS». Contrairement à ce qu'affirmait Descartes, notre tradition peut dire : «JE SUIS, donc je pense.» C'est parce que JE SUIS que j'aime, je fais, et je prends le chemin d'un devenir qui doit me faire réaliser ce JE SUIS que j'ignore encore, Christ en moi, et, dans l'ouverture du noyau de mon NOM, participer de la Résurrection. Mais l'état que connaît tout homme à sa naissance est celui d'une totale inconscience générant toutes ses servitudes et, en ce sens, ligotant le «JE SUIS» de son être, à l'exception de la part nécessaire à la construction et à l'entretien de sa vie existentielle, dans une situation analogue à celle des six premiers mois de la vie fœtale. L'Adam total n'ayant pas encore dépassé cette étape et ayant organisé toute sa vie en fonction d'une normalisation de cet état de servitude, chaque être humain convoqué à l'ouverture d'un «septième mois» est tragiquement seul! Mais plus tragique encore serait de ne pas répondre à l'appel. C'est pourquoi, délivrer YHWH, JE SUIS, des liens qui l'emprisonnent à l'intérieur de nous, est essentiel.

Moïse à qui YHWH va se révéler entend l'appel. Son nom hébreu Mosheh est fait du retournement des lettres de Hashem qui signifie le «NOM».

H Sh M ⇌ M Sh H

Dans son nom même, Moïse nous conduit à ce retournement essentiel pour que nous devenions avec lui celui que, dans nos profondeurs, nous sommes, JE SUIS.

Mais nous ne pouvons connaître YHWH en terre d'Égypte.

L'Égypte, Mitsraïm en hébreu, est essentiellement une matrice d'eau (*Maïm* - les eaux) contenant un fœtus resserré en elle, de consonance « Tsr » (qui signifie en effet « étroit »). Oppressé même en elle, le fœtus-Israël ne naîtra que dans le souffle de l'exigence de YHWH qui veut que ce peuple quitte l'Égypte « pour lui rendre un culte » : pour le connaître. Cette terre d'Égypte est un des grands berceaux culturels de l'humanité. Son génie se fonde en Ḥam, troisième fils de Noé, qui découvrit les mystères en violant du regard l'intérieur de la tente où se célébraient les noces de son père avec Dieu, « et en allant le raconter à l'extérieur[3] ». Noé venait de sortir de l'arche où il avait assumé son total accomplissement. Ivre du fruit de l'Arbre qu'il était ainsi devenu, et ivre de la Connaissance dont sa sève était gorgée, il était dans le secret d'une ultime matrice... Ḥam a regardé. La magie s'enracine en cette connaissance et ce sont aux magiciens que Pharaon aura recours face à la puissance dont Moïse, lui, sera directement investi par Dieu ; nous le verrons.

Cette connaissance que Ḥam prend des mystères n'est pas acquise par l'expérience intérieure des choses divines ; elle n'est pas intégrée à sa personne ; elle reste objet de culture et constitue l'humus duquel devra se dégager la verticalisation des arbres humains.

La terre d'esclavage est une matrice pour qui se verticalise, un tombeau pour qui s'éprend d'elle.

Et l'Égypte glorifiera ses tombeaux !

Mais elle va se faire matrice pour les Hébreux.

On comprend alors que, dans le langage biblique, l'Égypte symbolise le monde appelé celui « de la Chute », et Israël, celui de l'accomplissement hors du conditionnement de chute, dans une accession à la « terre promise », terre intérieure, dont Jérusalem est la jumelle à l'extérieur, et dans laquelle repose le secret du NOM, celui de YHWH. Cet éclairage nous permet de mieux ressentir combien nous sommes concernés par ce qui va suivre.

Les fils d'Israël descendent en Égypte parce qu'ils ont faim, une famine sévit dans leurs pays. Le douzième fils, Benjamin, trop jeune, est cependant resté à la maison de leur père. Quant au onzième, Joseph, on ne sait ce qu'il est devenu ; jaloux de lui, ses dix frères aînés l'ont vendu à des marchands qui se rendaient en Égypte, plutôt que de le tuer car faire couler le sang est interdit en Israël ; l'Esprit de Dieu est dans le sang de l'Homme, on le sait ; on ne peut répandre le sang.

Ce ne sont donc que dix fils d'Israël sur les douze, qui partent pour l'Égypte où, là, ont-ils appris, il y a de quoi manger.

Pharaon avait fait remplir ses greniers en prévision de ce temps de disette dont il avait été informé.

Deux songes l'en avaient prévenu. Deux songes qu'aucun de ses magiciens n'avait été capable d'interpréter. C'est alors qu'on s'était souvenu d'un certain Joseph maintenu dans les cachots du roi et qui s'était fait remarquer pour l'intelligence qu'il avait eue des songes de ses compagnons de misère. Deux d'entre eux libérés en avaient parlé au roi qui fit extirper Joseph de sa prison pour voir si celui-là serait capable de décoder le message.

« Sept années d'abondance vont venir qui seront suivies de sept années de grande pénurie », expliqua Joseph ; et aussitôt il pria le roi de faire engranger du blé et toutes autres céréales précieuses pour les années où l'on en manquerait.

Émerveillé de la sagesse de cet homme, Pharaon éleva Joseph aux plus grandes dignités de la cour et lui confia l'intendance de son royaume.

Les dix fils d'Israël arrivant en Égypte se présentent maintenant devant leur frère qu'ils ne reconnaissent pas, tant ils sont loin de supposer celui qu'ils ont rejeté couvert des honneurs dont est revêtu l'homme qui les reçoit. Et lui, Joseph, ne se fait pas reconnaître d'eux, mais son cœur est bouleversé en les voyant ; il les comble de nourriture et les prie de ne revenir qu'avec Benjamin dont il a obtenu de ses frères la confirmation de son existence. A la vue de celui qui est né de la même mère que lui, Rachel, Joseph ne peut retenir ses larmes. Il étreint ses frères à qui il pardonne le mal qu'ils lui ont fait et les prie de retourner chercher leur vieux père Israël.

Sous la protection de Joseph donc, les prémices du peuple hébreu s'intègrent en terre d'Égypte et y grandissent ; ils y resteront quatre cent trente ans.

« Quatre cents » est le symbole de l'espace matriciel et du temps de l'épreuve ; « Trente » est celui de la croissance en cette matrice.

Le nom de Joseph, du verbe *Yasoph*, signifie « augmenter » ; il concerne cette croissance. Il est construit sur la racine *Soph*, la « limite ». Les structures de l'hébreu, Verbe de Dieu, nous révèlent les lois ontologiques ; celle qui préside à la fonction de Joseph est capitale : pour augmenter, grandir, il faut accepter d'entrer dans une limite. Le choix, l'engagement sont essentiels. Ici s'ébauche aussi la loi de la circoncision, mais essentiellement celle de l'engagement, de la décision. Plus en profondeur encore, cette racine *Yasoph* révèle un des aspects du mystère de l'Incarnation : Dieu Lui-même entre dans une limite, le ventre d'une femme, qu'Il rend « plus vaste que les cieux » et que Joseph, époux de Marie, garde. Plus tard, Joseph d'Arimatie gardera le tombeau — matrice de mort et de résurrection! Dieu se limite — c'est la *Kénose* que contemplent les Pères —, la « contraction » dans le « fini » pour que l'Homme prenne dimension d'infini.

Si les Hébreux entrent dans cette matrice-Égypte sous la conduite de Yasoph-Joseph, ils en sortiront au moment de leur « naissance » que sera la Pâque en traversant *Yam-soph*, « la mer de la limite » appelée dans la tradition orale « mer Rouge » ; nous en comprendrons le sens par la suite. Entre *Yasoph* et *Yam-soph*, entre ces deux « limites », Israël va grandir. Le joug de Pharaon se fera d'autant plus lourd sur lui qu'il grandira selon le nombre, car il devient un peuple d'une force redoutable au milieu d'un autre peuple. Mais il grandit aussi en maturité intérieure car la servitude dans laquelle il est tenu par Pharaon va bientôt apparaître, pour l'un d'eux au moins, comme l'objectivation de ses esclavages intérieurs, insupportable!

Ainsi en est-il de nos jours, comme aussi au temps de Noé, où le déluge intérieur des hommes leur fut posé en face à face pour qu'ils en prennent conscience et commencent à se construire. YHWH dit alors :

> « Je ne laisserai pas Mon Esprit en l'Homme pour qu'il reste stérile [4]. »

Le potentiel divin qui habite l'Homme exprime son exigence d'accomplissement.

C'est dans ce sens que joue la loi des profondeurs : nous vivons ce que nous sommes; non par « punition », selon une exégèse réductrice infantilisante, mais pour que nous nommions ce qui se passe en nous dans un inconscient qui nous échappe totalement.

Lorsque nous découvrons qu'extérieur et intérieur à l'Homme sont les deux pôles d'une même réalité, nous avons quelque chance de porter notre recherche des sources d'épreuves à l'intérieur de nous-mêmes, plutôt que d'en charger un malheureux « bouc émissaire » à l'extérieur.

Le Dieu d'Israël conduit les Hébreux en terre de servitude pour que ceux-ci voient et nomment leurs esclavages.

Seul Moïse, dans un premier temps, va comprendre. Moïse est en filigrane, sous le nom voilé de HaShem, YHWH, la conscience naissante, une lumière, dans les ténèbres de l'inconscience d'Israël. L'inconscience se révolte contre les tyrans du monde ; elle hurle sa colère et dégaine l'épée. Tout d'abord identifié à elle, Moïse dégaine l'épée : fou de rage contre un Égyptien qu'il surprend en train de maltraiter un Hébreu, il se rue sur lui et le tue. Moïse fait couler le sang, le sang lourd d'Élohim-Dieu, car « Élohim est dans le sang » de tout homme, fût-il le pire ennemi !

L'une des significations du nom de l'Homme, Adam en hébreu, est A-Dam que l'on peut lire « Élohim dans le sang[5] ». Dieu est dans le sang et fait battre le cœur de tout être humain dont l'esprit est respiré de Lui.

Moïse se voit esclave de sa colère ; il a transgressé l'ordre le plus sacré d'Israël.

S'il quitte alors l'Égypte, parce qu'il se sait recherché par les autorités du pays, entendons bien que derrière ce geste formel se fait connaître celui qu'il pose dans son intériorité, en prenant une distance par rapport à sa terre d'inconscience : il voit le meurtrier qu'il est ; il voit cet autre « côté » de lui-même qu'il ne connaissait pas.

Ici Moïse rejoue l'histoire d'Adam en qui Dieu constate l'état de stérilité s'il reste « coupé de lui-même ».

« Il n'est pas bon qu'Adam soit seul[6]. »

Dieu prend alors cet autre « côté » de lui, et le lui présente dans sa totalité pour qu'Adam discerne cet aspect voilé, inconscient, qu'en lui-même il est appelé à épouser : féminin intérieur à tout être humain que ce « côté », et non la femme par rapport à l'homme, comme le veut cette même exégèse maintenant dépassée !

Le conscient — côté lumière de l'Arbre de la Connaissance que chacun est appelé à construire — doit épouser l'inconscient — côté ténèbres, riche du noyau de l'Être, sa semence formée de l'« image divine ». Cette « femme voilée » à l'intérieur de tous est lourde de l'enfant divin... Notre vocation profonde n'est autre que celle d'épousailles et de maternité ; épousailles avec notre côté caché des profondeurs, et enfantement du divin dans une tout autre dimension de nous-mêmes. Cette vocation est aussi inscrite dans le nom d'Adam[7].

Mais au départ l'Homme est « coupé de lui-même », totalement confondu avec son inconscient. Un processus de différenciation, dirait Jung, est à mettre en œuvre ; ce que Dieu fait avec Adam, bien « avant » Jung, mais nous n'avons pas su le lire ! (Cet « avant » est inadéquat à ce que je veux réellement dire, puisque le récit de la Genèse, de dimension mythique, appartient à tous les temps historiques.)

Ce processus de différenciation est celui-là même auquel accède Moïse en quittant l'Égypte, pour aller vers une terre étrangère où il se marie. Et ce mariage de Moïse avec une femme étrangère nous annonce ses épousailles intérieures avec un aspect « femelle » de lui, qu'il ne connaissait pas auparavant.

Nous sommes là devant le travail de l'homme-Moïse face à lui-même, dans son autre « côté ».

Et continuant de rejouer l'expérience d'Adam, Moïse connaît alors l'extase que ce dernier connaît lorsque, découvrant ses profondeurs, il voit le noyau de son être.

> « Voici celle qui est os de mes os et chair de ma chair »,

s'écrie Adam[8] ; ce qui pourrait être traduit :

> « Voici celle qui est la substance de ma substance et lourde du "fils" que je serai. »

Moïse, lui, s'avance vers un buisson qui flambe sans se consumer — le « buisson ardent » ; il veut voir ce prodige et, lorsqu'il en approche, la voix de YHWH-JE SUIS s'élève du buisson et lui dit :

> « Je serai qui Je serai[9]. »

La révélation est fulgurante. Elle est celle du saint NOM sortant de ses liens, mais dans sa forme non encore accomplie. Et c'est pour l'accomplir que Moïse reçoit alors de Dieu l'ordre de retourner en Égypte, où le reste de son peuple est encore dans le « non-accompli », les ténèbres.

Non seulement Moïse doit s'accomplir lui, en tant qu'homme, mais aussi en tant que peuple d'Israël. Les deux aventures sont totalement imbriquées, comme elles le sont pour chacun de nous en qui coexistent les deux dimensions : celle de la personne unique, et celle de la totalité du groupe, voire de l'humanité.

Moïse est dans la crainte ; il argue de son bégaiement, plus exactement de ce qu'il est « incirconcis des lèvres », pour ne pas obéir — les lèvres sont à la langue ce qu'est le prépuce au sexe masculin : les ténèbres, « tuniques de peau »[10] face à la lumière.

Bien qu'émergeant à une lumière de la conscience, Moïse ne se sent pas devenu Verbe ; il est Moshé et non encore HaShem ; « je serai », et non « je suis ». Or seul « JE SUIS » peut se mesurer à Pharaon, l'adversaire.

Le face-à-face Moshé-Pharaon est comme un prélude à celui que nous découvrirons dans le livre de Job entre YHWH et Satan.

Seul YHWH peut se mesurer au Satan.

C'est pourquoi YHWH donne à Moïse son frère Aaron pour parler à sa place ; il ordonne :

> « Lui sera pour toi la bouche et tu seras pour lui Élohim[11] »,

et plus tard :

> « Je fais de toi un Élohim pour Pharaon et ton frère Aaron sera ton prophète[12]. »

Dieu donne Sa Toute-Puissance à Moïse et incarne Son Verbe en Aaron. L'Esprit saint va opérer la transformation des cœurs.

Et tout d'abord la transformation de Moïse qui, obéissant cette fois, prend la direction de l'Égypte avec sa femme, Tsiporah, et le fils qui leur est né, Guershom, témoin, quant à lui, d'un premier engendrement intérieur de Moïse.

Mais nul ne peut retourner dans les ténèbres dont il s'est retiré sans avoir vu la lumière et s'en être revêtu. Moïse a vu le buisson ardent. Il a entendu la voix divine. Maintenant il va être revêtu de lumière.

> « Sur le chemin, à une étape, YHWH s'approche de Moïse et veut le faire muter [13]. »

Je traduis par « muter » le verbe généralement compris dans le sens de « mourir » ; mais ce dernier, dans notre pensée occidentale, n'étant entendu qu'en ce qui concerne le corps, je crois indispensable d'employer le verbe « muter » dont la signification implique en effet une mort dans un premier temps, pour une résurrection dans un second temps. Mais cette mort est la « brisure de l'esprit » comme le chante David, non pour autant celle du corps. Moïse va donc devoir être brisé.

C'est alors qu'intervient la circoncision de Guershom des mains mêmes de sa mère qui jette le prépuce de l'enfant aux pieds de Moïse en lui disant :

> « Tu m'es un époux de sang. »

« L'Alliance de la circoncision » a été dressée entre Dieu et Abraham aux termes d'une double promesse : celle de Dieu qui donne à Abraham, alors stérile, la fécondité ; celle d'Abraham qui doit pratiquer la coupure du prépuce de tout mâle né de lui et de sa postérité, ou habitant sa maison.

La circoncision est liée à la fécondité ; elle inscrit dans la chair la coupure des ténèbres pour que jaillisse la lumière.

le sexe mâle étant au niveau de la procréation ce que sera le verbe au niveau de la puissance créatrice.

Le sang qui jaillit de cette coupure est représentatif de celui, plus subtil, qui coule à l'intérieur de tout être assumant les morts-résurrections nécessaires à son accomplissement, dans ses mariages lumière-ténèbres, conscient-inconscient, les deux côtés mâle-femelle, « accompli-non encore accompli » de l'Arbre de la Connaissance[14]. C'est pourquoi Tsiporah, épouse de Moïse, lui dit : « Tu m'es un époux de sang », révélant ainsi de quelle réalité de mariage il s'agit et quelle épouse, symboliquement, elle est. En un mot, la circoncision du « fils » traduit la nouvelle mutation de Moïse, de qui Dieu exige qu'il prenne le chemin de devenir « fils » totalement accompli, YHWH, Verbe.

Dans cette dimension nouvelle, Moïse rencontre son frère Aaron qui vient vers lui et l'embrasse ; et tous deux, nés de la tribu sacerdotale de Lévi, vont vers Pharaon, l'adversaire, pour obtenir de lui qu'il laisse partir le peuple hébreu de son pays, afin de servir leur dieu YHWH.

Bien que redoutable par son nombre, ce peuple est une main-d'œuvre exceptionnelle ; Pharaon ne voudra pas s'en séparer. Le voudra-t-il, alors YHWH Lui-même.

« durcira le cœur de Pharaon[15] »

pour qu'il maintienne encore captif le peuple d'Israël !...

Notre logique immédiate nous laisse déconcertés devant cette contradiction divine : d'une main YHWH ordonne Moïse comme grand prêtre pour « tirer Son peuple d'Égypte », de l'autre Il « durcit le cœur de Pharaon » pour maintenir Son peuple en esclavage. Qu'est-ce que cela signifie ?

NOTES

1. Jean VIII, 24.
2. Jean VIII, 58 et 24.
3. Genèse IX, 22. *Cf.* : aussi A. de F., t. III, p. 269.
4. Genèse VI, 3.
5. *Cf.* : A. de F., t. I, p. 363.
6. Genèse II, 18.
7. *Cf.* : A. de F., t. I, p. 349.
8. Genèse II, 23.
9. Exode III, 14.
10. Genèse III, 21.
11. Exode IV, 16.
12. Exode VII, 1.
13. Exode IV, 24.
14. *Cf.* : A. de F., t. II, p. 169.
15. Exode IV, 21.

3

Le retournement

AINSI sommes-nous : appelés à la transformation en même temps que maintenus dans nos labyrinthes ; acculés à un passage, et retardés dans son effectuation ; construits pour la liberté et retenus prisonniers !

L'Homme est l'espace de rencontre de deux forces opposées et cependant concertées, dont l'une fait résistance à l'autre pour que cette autre développe, en cet espace d'homme, la totalité de sa mesure ; qu'à la limite elle devienne totalement lui et que lui, l'Homme, devienne totalement elle.

L'Homme ne met pas d'obstacle au cheval pour qu'il tombe, mais pour que, dépassant l'obstacle, le cheval se dépasse.

Dans le principe des arts martiaux orientaux, l'adversaire n'est jamais l'ennemi ; il est celui qui s'oppose à un homme pour qu'en celui-ci, face à cette résistance, jaillisse une dimension nouvelle de lui-même. Cela suppose que l'Homme soit porteur d'un potentiel immense ; il est porteur de ce « tout autre », invisible, inconnu, cosmique, dont nous avons déjà parlé ; et ce « tout autre » est constitué de forces contraires, dont l'une exige et l'autre empêche, ralentit, retarde... L'objet exigé atteint trop tôt ne pourrait être assumé. Retardé par la force opposante, il oblige celui en qui se joue le débat à se retourner vers de plus grandes profondeurs en lui-même pour y bâtir des structures propres à l'information plus dense qu'il y puise. Retardé encore, il renvoie plus loin encore, et l'Homme conquiert des espaces de plus grande conscience.

En l'Homme, YHWH joue ces deux forces contraires.

Pour le peuple d'Israël, la force positive — lumière de la conscience — s'est élevée en Moïse, et Dieu promeut en Moïse la puissance de la totale conscience qu'il n'est pas encore de lui-même, mais qu'il sera « JE SERAI QUI JE SERAI » pour affronter Pharaon. La fonction d'« adversaire » est confiée à Pharaon, l'oppresseur, c'est pourquoi

« YHWH durcit le cœur de Pharaon. »

Une fois, deux fois... neuf fois de suite, Pharaon opposera une résistance absolue au départ des Hébreux.

Ne faut-il pas neuf mois pour construire un enfant ?

Saisi dans cette résistance, le peuple plonge en ses racines, comme l'hiver oblige l'arbre à renvoyer sa sève dans les plus grandes profondeurs de la terre. Dix fois de suite les Hébreux vont connaître un hiver pour aller puiser en eux-mêmes d'étonnantes richesses ; ils deviendront le laboratoire d'une alchimie intense qui peu à peu les construira et les conduira au terme de leur gestation dans la matrice-Égypte. Ce sera la naissance, le passage, l'entrée dans une terre nouvelle riche d'un nouveau paradigme, car une réelle qualité de Verbe l'habitera.

Le peuple d'Israël naissant à cette nouvelle terre sera le premier « fils » intérieur de l'humanité.

Le nom d'Israël a été donné à Jacob à l'issue victorieuse de sa « lutte avec l'Ange », véritable danse de la vie, avec YHWH pour partenaire de combat, dans le sens même de ce que tout son peuple est appelé maintenant à vivre.

Ce « passage » de Jacob, qui s'est effectué au torrent de Jaboq[1], a été en quelque sorte sa « Pâque », sa « sortie d'Égypte ». C'est au peuple tout entier maintenant de devenir Israël, nom que Dieu donne au troisième patriarche au terme de ce combat parce que, lui dit-il,

> « tu as lutté avec l'Homme et avec Dieu ».

Saro est le verbe « lutter » ; *Ish* est l'« Homme » et *El*, Dieu.

Le nom de Pharaon est porteur de la racine *Ra* que nous traduisons par « mal » dans la dialectique « du bien et du mal » de l'Arbre de la Connaissance, mais que je propose de traduire par « inaccompli » ; elle rend compte de ce potentiel infini que nous portons dans cet autre « côté » en chacune de nos personnes, en chaque peuple aussi, et dans l'humanité tout entière.

La lettre *Phé* qui précède cette racine dans la composition du nom de Pharaon signifie « le verbe qui libère ». La vocation de Pharaon est de libérer le peuple hébreu de son potentiel inaccompli, resté jusqu'ici frappé de stérilité, rendant le peuple lui-même stérile, et de ce fait, esclave ! Et ceci, par la force du Verbe divin !

Tout force opposante, dans nos vies, tout adversaire voire toute adversité joue ce rôle.

Le nom de Pharaon est construit des mêmes lettres, donc des mêmes énergies[2] que le mot « poussière » — *Aphar* ; cette « poussière » dont Adam est pétri est la multiplicité des richesses qui l'habitent dans ses ténèbres, face à l'unité en laquelle il est appelé à les transformer dans la lumière. C'est pourquoi cette poussière tient-elle scellée en son nom un pouvoir fou de fécondité transformatrice dont la racine *Phar* rend compte. Dieu ne dit-il pas à Adam qui vient de consommer le fruit interdit et de se rendre ainsi esclave du Satan, dans le livre de la chute :

> « Tu mangeras ton pain à la sueur de tes narines jusqu'à ce que tu te retournes vers la terre [intérieure] d'où tu as été pris car tu es poussière, et vers la poussière retourne-toi[3]. »

Vers ce pouvoir créateur et transformateur qui est en toi, retourne-toi ; vers ta terre-mère des profondeurs, cet autre « côté » de toi, retourne-toi ! car au cœur d'elle est ton fondement, le saint NOM YHWH, pôle d'exigence divine et créatrice, « JE SUIS ».

Cet appel au retournement qu'entend enfin Moïse, et bientôt le peuple hébreu, nous est adressé à tous et ce qu'il est convenu d'appeler « les dix plaies d'Égypte » est la description de ce lent processus de retournement. Il ne peut se faire tout d'un coup, tant l'Homme est identifié dès le départ aux fausses normes de la chute, celles du labyrinthe, que Jean-Yves Leloup appelle la « normose »[4]. Ce terme me ravit ! Il faut sortir de cette normose qui nous colle à la peau, de ce statut d'esclave que nous avons normalisé parce que tout en nous épuisant, apparemment il nous sécurise, ignorants que nous sommes de l'ontologique paradigme qui nous apporterait la véritable sécurité, libératrice, celle-là !

La suite du récit va donc nous jeter comme Noé, au-dessus des eaux du déluge ; comme Abraham « loin de la maison de son père, du pays de son enfance »...

A tous Dieu dit ce qu'il ordonne à Abraham :

« Va vers toi[5]. »

Aller vers soi, vers le noyau divin de notre être pour en libérer l'énergie, c'est prendre le chemin de la « terre promise » et vivre la grande aventure du peuple hébreu.

Dès que la première plaie arrive, un lent travail se fait chez les Hébreux, qui amorce le processus de distinction entre ce qui s'accomplit, représenté par les Hébreux, et ce qui reste encore dans les ténèbres de l'inconscience, représenté par les Égyptiens.

Chaque épreuve détermine l'accomplissement dans l'intériorité des êtres, pour les premiers, mais plaie et souffrance destructrices à l'extérieur, pour les seconds. Chacun se mesure à l'épreuve.

Avec Aaron, son frère, et sur l'ordre de YHWH-Elohim, Moïse se présente devant Pharaon.

Ils lui demandent de « laisser aller le peuple hébreu à trois journées de marche dans le désert pour y célébrer un culte à YHWH ». Mais l'oppresseur n'en resserre que davantage son étreinte sur le peuple.

La corvée des Hébreux consistait pour eux à faire des briques pour lesquelles on leur fournissait de la paille. Ils devront maintenant faire le même nombre de briques, mais aller eux-mêmes quérir la paille. Faire des briques... faire du chiffre, cela nous dit bien quelque chose !

C'est aussi avec des briques que les hommes de Babel, qui voulaient se faire une renommée, construisaient leur fameuse tour[6] !

« Ils prirent des briques à la place de pierres »,

nous dit le texte.

Se faire une renommée ressortit au monde de l'inconscience ; c'est la transposition narcissique de ce que tout homme est appelé à conquérir à l'intérieur de lui : son NOM secret ; par rapport à celui-là, notre prénom ne désigne que la personne sociale. Cette dernière ne prend véritablement dimension d'Homme, dans le sens noble de ce terme, que lorsqu'elle entre en résonance avec son NOM secret, sa semence, le noyau même de son être sur lequel elle est modulée comme à partir d'un son fondamental qui vient du Verbe et qui la sculpte dans sa personne ontologique, son être vrai.

L'homme qui cherche à conquérir la renommée à l'extérieur, en place de son NOM à l'intérieur de lui, ne peut que fabriquer des briques...

L'Homme devenu conscient et qui construit son NOM est « pierre ». Le mot « pierre », *Eben* en hébreu, est composé de deux noms : celui du « Père », *Ab*, et celui du « Fils », *Ben*. La « brique », *Labenah*, ne contient plus que la présence du « Fils ». Mais des fils qui ne sont plus reliés par la conscience du Père, l'unité qui les recouvre, deviennent vite des étrangers les uns aux autres ; ils se dispersent. Ils se vivent en rapport de forces, en rivalité, compétitions, etc. ; et c'est la guerre. Leur identité en tant que « fils » disparaît. Babel, Babylone, le babillage d'une humanité infantile qui n'a pas commencé d'être verbe, se vit symboliquement dans des valeurs de « briques »... et de broc, peut-être !

Dans notre monde actuel, comme les Hébreux, nous ne fabriquons que des briques. L'esclavage est là ! De même que le Dieu d'Israël va conduire son peuple hors de la terre d'esclavage, de même nous laissons-nous conduire par les événements de nos vies, lourds de cette finalité divine, dont nous allons voir qu'ils sont calqués sur ceux du récit biblique.

A ces hommes qui font des briques, on leur retire même la « paille » qu'ils devront aller chercher.

Ce mot « paille », *Teben* en hébreu, contient encore la racine *Ben*, le « fils ». En profondeur, ce texte nous dit que ces faiseurs de briques, qui ne se vivent plus dans l'unité du Père, sont maintenant dépouillés de leur dimension de fils ! Ils vivent à l'extérieur la réalité de ce qu'ils sont devenus à l'intérieur : des bêtes. Pharaon les traite comme des bêtes, sans pitié ! Ils sont amenés à faire l'expérience de l'esclavage jusqu'à l'extrême limite du possible où, là, doit se faire un retournement. Sans cela, nous, comme eux, nous nous installons pathologiquement dans la souffrance, la normalisons — selon l'ordre de la « normose » — et y acquerrons tous les mérites d'un épuisement que le « bon dieu » ne pourra que récompenser !

On comprend combien notre génération a rejeté ce dieu-là, fait de briques lui aussi, mais elle n'en est pas pour autant arrivée à « chercher la paille », à chercher en elle la dimension de « Fils » !

Revenons en effet aux Hébreux · ils doivent désormais aller eux-mêmes chercher la paille ; cela veut dire qu'ils vivent dans cet épisode un face-à-face incontournable avec eux-mêmes. Car l'engrenage de la « chute » est celui-là : l'homme qui n'a plus conscience du Germe divin qui l'habite se range au niveau animal. Le Père (quand il le nomme encore !) est renvoyé dans des cieux inaccessibles, et la dimension de Fils qui l'habite est annulée ; son souffle est coupé ; il ne maintient de lui-même que la respiration nécessaire à survivre dans la servitude.

Si les Hébreux vont eux-mêmes chercher la paille, cela veut dire qu'ils ont à rechercher en eux la qualité de Fils qu'ils sont dans le noyau fondateur de leur être, l'image de Dieu !

Harassés comme des bêtes sous le joug, ils pleurent, se révoltent et crient. Mais ils vont chercher la paille ! Alors Dieu entend leur cri, comme Il a entendu autrefois le cri d'Ismaël abandonné dans le désert et dont le nom est fait de cette « écoute de Dieu[7] ».

Israël n'est pas Ismaël, et pourtant une fois de plus ils sont là comme deux frères entendus dans leur détresse par le même Père !...

> « J'ai entendu les gémissements des enfants d'Israël asservis par les Égyptiens et je me suis souvenu de mon Alliance. C'est pourquoi je dis aux fils d'Israël : Moi JE SUIS, Je veux vous soustraire aux tribulations de l'Égypte et vous délivrer de sa servitude. Je vous affranchirai avec un Bras Large, et par des jugements terribles...[8] »

Entendons le mot « jugements » non pas dans le sens juridique de ce terme, mais dans celui de « justesse », ajustement, rectification nécessaire par rapport au modèle ; celui-ci est le saint NOM « JE SUIS », YHWH, dont les Hébreux nous disent qu'Il est l'Épée.

Voici la grande révélation :

Le saint NOM est l'Épée.

```
      Y
      |
H — W — H
```

en hébreu יהוה [9]

Il m'était ainsi apparu en méditation et sans doute sur l'appui des nombres qui correspondent aux quatre lettres, dont le dessin est alors :

10
|
5 — 6 — 5

et ce dessin est plus explicite encore si l'on sait que la lettre *Waw* de valeur 6 est en hébreu la conjonction de coordination « et ».

Mais cette intuition me fut confirmée qulques jours plus tard, alors que j'ouvrais le livre du Zohar (« Livre de la Splendeur » vénéré par les mystiques qabbalistes) ; je l'ouvris « au hasard » — c'est un livre en six tomes ! — et lus :

« Le Tétragramme est une Épée
Le *Yod* est le pommeau
Le *Waw*, la lame
et les deux *Hé*, les deux tranchants. »

L'homme, image de Dieu, est donc lui aussi l'Épée dans le noyau-semence de son être ! Il est modelé par elle jusque dans la forme de son corps. Tel est le Christ en nous.

« Je ne suis pas venu apporter la paix mais l'Épée[10] », dit-Il.

Car tout se mesure à l'Épée qui est alors devenue le centre de ma vie, de mon expérience et de ma recherche.

Israël va être vérifié par elle, pour la devenir. Ainsi en est-il pour chacun de nous.

NOTES

1. Genèse XXXII, 23. Remarquons aussi le jeu de mots qui unit Jacob et Jaboq.
2. *Cf.* : L. Ch. de V., p. 18.
3. Genèse III, 19.
4. « L'enracinement et l'ouverture », *Question de* (Albin Michel), n° 79, p. 40.
5. Genèse XII, 1.
6. Genèse XI, 1-9.
7. Genèse XVI, 11 et XXI, 17.
8. Exode VI, 5-7.
9. Zohar III, 274b.
10. Matthieu X, 34.

4

« La première plaie : les eaux changées en sang »

Exode VII, 19

« YHWH dit à Moïse : Parle ainsi à Aaron : Prends ta verge, dirige ta main sur *les eaux* des Égyptiens — sur les fleuves, sur leurs canaux, sur leurs lacs et sur tout ce qui rassemble leurs eaux — *elles deviendront du sang* : il y aura du sang sur tout le pays d'Égypte et dans les bois et dans les pierres. »

Et il en fut ainsi.

Mais les magiciens de Pharaon en firent autant... et Pharaon durcit son cœur, comme l'avait dit YHWH.

LES lois ontologiques, le Logos, qui structurent le créé sont absolues. Que nous les connaissions ou non, elles jouent ; nous les appelons, dans ce dernier cas, « hasard », « chance » ou « pas de chance »... faute de les discerner. Celle qui préside au langage de cette première plaie peut s'énoncer ainsi :

Lorsque l'Homme ne saisit par l'Épée (YHWH) qu'il

est pour se construire en tant que « Verbe » (que sous une autre image on pourra appeler « Fils »), inconsciemment il retourne l'Épée contre l'« autre », celui qu'il est à l'intérieur de lui en premier chef (mais son inconscience consiste en ce qu'il ne le sait pas) et tous les autres à l'extérieur de lui. L'Épée est alors une arme qui tue et fait couler le sang ; elle peut être un verbe meurtrier — c'est alors un sang subtil qui se répand —, un sexe qui épuise, ou le poignard, le couteau, l'épée, le fusil, etc., qui tue.

L'Homme inconscient, même s'il est « bon » dans les catégories morales de bien et de mal, tue ; par la parole ou le sexe, bavards incontrôlés, voire passionnalisés, cela nous est bien connu ; mais il est plus difficile de réaliser que, si nous ne tenons pas en main l'arme formelle, nous n'en sommes pas moins complices de ceux qui la saisissent : car l'Homme, en profondeur, est Un. La « bonne conscience » n'est pas de la « conscience ». La première reste prisonnière d'une éthique morale, la deuxième est le fruit d'un travail de transmutation intérieure dans l'acquisition d'un surcroît de vie.

Le titre d'un film paru il y a quelques années le disait : « Nous sommes tous des assassins. »

Et si l'eau de nos rivières est apparemment claire, en réalité elle charrie tout ce sang répandu. Notre chant national exalte cette abomination :

> « qu'un sang impur abreuve nos sillons ».

Jamais nous n'avons été si lucides sur nous-mêmes, mais il n'y a lieu ni d'en être fiers ni de normaliser ces hauts faits d'arme !

Le sang va jouer une importante partie dans ce concert

de la Pâque, car s'il coule dès la première plaie, la dixième épreuve sera la mort des premiers-nés des Égyptiens comme des prémices de leurs troupeaux ; l'Homme inconscient est identifié au monde animal puisque l'inconscience consiste chez lui en ce qu'il reste confondu avec ses « animaux intérieurs », ceux du « sixième jour », c'est-à-dire avec un monde d'énergies puissantes mais inaccomplies.

Or dans le sang est la présence divine, je l'ai dit plus haut[1] : en lui l'Homme est respiré de Dieu, dans un jeu trinitaire qui fait battre le cœur de l'Homme, et celui du monde !

Verser le sang atteint donc à une inimaginable gravité. Moïse en a fait l'expérience. Ce choc a suscité en lui l'émer gence de la conscience.

Par cette plaie, le texte biblique signifie que la terre de servitude, celle des oppresseurs comme celle des opprimés, est abreuvée de ces sangs : Qaïn tue Abel et « la terre ouvre la bouche pour prendre les sangs de ton frère, venant de ta main[2] ». Ces derniers mots pouvant être aussi traduits « venant de ton *Yod* », sous-entendu de YHWH, du « Verbe » que tu pouvais devenir si, avec lui, tu n'avais pas tué.

A l'extérieur, l'eau qui devient du sang est objectivation de ce qui se passe dans le cœur de l'Égyptien — l'homme inconscient — dont les énergies se répandent en conquêtes meurtrières.

Mais l'épreuve nous indique aussi qu'à l'intérieur, dans le cœur de l'« Hébreu » — l'homme convoqué à la sortie d'Égypte, c'est-à-dire à l'émergence hors de l'inconscience —, une alchimie s'opère : une conquête intérieure s'amorce. Une transmutation première se fait, comme elle se fera en Jésus de Nazareth après qu'Il eut chassé le Tentateur et comme elle sera manifestée aux yeux de tous les invités aux noces, à Qanah de Galilée[3]. A Qanah, le vin des réjouissances manquera et Jésus transformera en un vin exquis l'eau dont Il avait auparavant fait remplir « six » jarres, Lui, disent les Pères, se faisant « septième jarre » ; le vin est alors prémices du sang.

Et c'est à Jérusalem que, dans un deuxième temps, « prenant la coupe de ce vin, Jésus rendra grâce et la donnera à ses disciples en disant :

« Buvez-en tous, ceci est Mon Sang...[4] »

De Qanah à Jérusalem s'accomplissent en Jésus les dix épreuves qui secouent l'« Égyptien » et qui transforment intérieurement l'« Hébreu ». Qanah, de même racine que le nom de Qaïn, qui signifie « acquérir », est le lieu où Jésus commence d'accomplir le Grand Œuvre messianique parce que Lui-même, dans l'intériorité de Sa Personne, dans son face-à-face avec le Satan, a transmuté une première part de Lui-même ; Il a forgé l'Épée alors que d'elle Qaïn a tué. C'est dire que, pour le peuple hébreu, le commencement des mystères messianiques s'accomplit en cette mutation. L'eau est toujours en soi symbole d'inaccompli, d'inconscient. Mais chez l'Égyptien, l'Épée inversée la putréfie. Chez l'Hébreu, YHWH, par Moïse, transmute, accomplit, et commence à faire de la conscience.

Si l'inconscient dans le livre de la Genèse est exprimé par l'humide, la conscience est symbolisée par le sec qui est aussi de la lumière.

L'Homme ne grandit, ne s'érige en Arbre de la Connaissance dont il est appelé à devenir le fruit, que s'il assume en lui le mariage des deux opposés : le sec et l'humide, l'accompli et l'inaccompli, la lumière et les ténèbres.

Israël est maintenant en marche vers l'accomplissement de son Arbre dont il « sera », en YHWH-Christ, le fruit.

Mais l'arbre devra être taillé : d'autres « plaies » vont venir, qui condenseront la sève pour assurer son érection totale.

Chacune de ces plaies, comprenons-le bien maintenant, va creuser le clivage entre l'« Égyptien » et l'« Hébreu », que nous sommes tous, comprenons-le aussi, car le mariage ne pourra se faire qu'au terme de ce processus de séparation de ce qui était auparavant confondu.

Aujourd'hui cette première « taille » se vit au cœur des peuples et de chacun de nous ; elle détermine le clivage entre ce qui ressortit à l'Israël spirituel et ce qui reste dans l'esclavage de l'inconscience meutrière. Autrement dit : il n'y a plus de bons et de méchants, mais des hommes qui naissent à la conscience et à ses différents niveaux de qualité, et ceux qui se réfèrent encore à des valeurs infantiles qui justifient leurs meurtres. Ceux qui commencent à participer d'une conscience neuve commencent aussi à voir la part d'eux restée infantile et partageant le crime : ils sont alors en marche vers l'accomplissement.

Parce que la préparation de la Pâque des nations est là, bien présente dans notre vie quotidienne, personnelle ou collective. Je ne parlerai que du plan collectif, mais à chacun de discerner les « signes » qui lui sont propres, à partir des symboles lourds de significations qui jalonnent la vie et qui renvoient à l'eau de l'inconscience chargée de sangs.

D'une extrémité de la terre à l'autre, nos eaux sont infestées, non seulement par toutes les sources de pollution connues et encore inconnues et cependant hélas! réelles à l'heure actuelle, mais, comme nous l'avons vu, par le sang.

Je n'ai pas l'intention d'écrire une page d'horreur, les médias s'en chargent et sont loin de tout dire, mais je parlerai du « sang de la terre » représentatif de tous les autres.

C'est le pétrole qui est ainsi appelé.

Sous la terre, ses couches se découvrent serties entre une nappe d'eau et une autre de gaz.

Sa place est homologue à celle du sang qui lui-même s'inscrit « à la verticale » dans une lignée symbolique allant de l'eau à l'esprit.

> « Il y en a trois en haut qui sont UN, le Père, le Fils et l'Esprit ; et il y en a trois en bas qui sont en résonance, l'eau, le sang et l'esprit[5] »

comme le sont dans une autre lignée la pierre, le pain et la chair ; et dans une autre encore, le bois, l'airain et l'or, etc.

Ce sont des familles symboliques, des lignées dont les éléments nommés sont espaces d'accomplissement et degrés de montée des énergies, du visible à l'invisible.

C'est en obéissant à cette loi que le Christ change l'eau en vin puis en Son Sang pour que, donnant Son Sang, l'Esprit saint vienne. Dans une sorte de rabattement à l'horizontal, le pétrole occupe cette place du sang, entre l'eau et le gaz, ce dernier correspondant à l'Esprit.

Sa couleur et sa composition évoquent cette matière noble, rouge et visqueuse, qui déjà est du feu. Aujourd'hui le « sang de la terre » souille nos océans. Les pétroliers échouent, sont éventrés, et leur liquide s'écoule, dérive, tue la flore et la faune marine, les oiseaux... tout meurt.

La main d'un insensé s'abat sur les vannes d'un terminal conducteur de pétrole et le flot s'échappe... « Il y a du sang sur toute la terre, dans les bois et dans les pierres » qui ne peuvent devenir ni or ni argent...[6] nos cœurs se ferment.

Le face-à-face est sous nos yeux. Le voyons-nous ?

L'« Hébreu » voit. Comme au jour UN de la Genèse, une lumière a été séparée des Ténèbres : elle a commencé de déchirer « les prépuces de son cœur[7] ».

Comme à Qanah de Galilée, symboliquement l'eau de son sang a été transformée en vin.

C'est le sel du sérum sanguin qui, sur un plan formel, polarise ces transformations[8].

Le sel de notre « mer intérieure » est, avec celui des océans, la présence opérative et illuminante des « eaux-d'en-haut » dans les « eaux-d'en-bas », autrement dit : de l'Incréé dans le créé, comme est, dans la tradition chinoise, celle du yang dans le yin.

Le Christ ne dit-Il pas :

« Vous êtes le sel de la terre...
Vous êtes la lumière du monde[9] » ?

L'Homme est alors pour le cosmos entier ce qu'est le sel pour le sang et, coextensivement, pour tout le corps que visite et nourrit le sang.

Symbole de la sagesse divine, le sel est le catalyseur de ce qui, en la moindre de nos cellules, sépare et unit le pôle « lumière » programmé pour reconstituer telle cellule, et le pôle « ténèbre » non apparemment programmé mais formant un potentiel étrange capable de reconstituer le corps tout entier. (C'est à partir de cette richesse cellulaire que sont pratiquées les manipulations génétiques de « clonage » par lesquelles on génère, à partir d'une cellule mère de plante, la réplique de cette plante; d'animal, la réplique de cet animal; demain ne sera-ce pas l'homme... ?) Lorsqu'un homme s'accomplit, chaque cellule de son corps se transforme et, par le pouvoir du sel, tend vers la lumière : symboliquement l'eau devient vin; le vin, sang; le sang, esprit. Au niveau du sang, on ne peut employer le mot « sanguinification », et pourtant c'est un mot comme celui-là qu'il faudrait forger pour parler du travail qui s'opère dans le sang de l'Homme, comparable à ce qui se joue dans cet autre « sang de la terre » qu'est le vin.

La vinification est une spiritualisation de la vigne.

« C'est Moi le vrai Cep, dit encore le Christ, et mon Père est le Vigneron [10]. »

C'est lui le Père « qui a planté cette vigne », dit le psalmiste en parlant d'Israël, et derrière lui, de l'humanité tout entière [11]. Lorsque Israël, malgré sa sortie d'Égypte, se laissera pourtant violer par le dévastateur et rendre incapable de mûrir son fruit, ses prophètes pleureront sur cette vigne

« Ravagée par l'ennemi...
Saccagée par le Maître des nations...
Mangée par les renards...
Détruite par le dévastateur... ».

Mais dans l'épreuve et l'amour, dans le pardon divin, elle retrouvera sa fécondité...

«Car déjà la vigne embaume, lève-toi mon amie, ma
[belle,
Va vers toi-même...[12]»

jusqu'à l'ivresse de la Pentecôte, cette ivresse mystique que toutes les traditions célèbrent.

Sentir le parfum du vin, regarder son incarnat, l'entendre chanter, toucher son velours, le goûter, c'est embrasser les prémices de la réalité divine.

Le vin qui a coulé à Qanah de Galilée est celui de l'amour divin.

La vinification du sang des Hébreux a ouvert le cœur à cet amour-là, l'amour qui chez eux, chez nous tous, sera capable un jour «d'excuser tout, d'espérer tout, d'endurer tout, d'être patient et de ne pas tenir compte du mal[13]»...

Cet amour sera l'ultime énergie que l'Homme découvrira dans sa terre intérieure et qui rendra juste l'utilisation de tous les dons de sa terre, sa planète Terre, qui est aussi sa mère.

L'«Hébreu» est sur le chemin.

Mais il doit aller plus loin.

L'«Égyptien», lui, n'a pas encore découvert le langage des événements.

NOTES

1. *Cf.* : p. 35.
2. Genèse IV, 8-11.
3. Jean II, 1-10.
4. Matthieu XXVI, 26-29.
5. Ire Épitre de Jean V, 7.
6. Transmutation alchimique de l'intériorité de l'Homme que décrit le prophète Isaïe LX, 17.
7. Jérémie IV, 4.
8. *Cf.* : S. du C. p. 219.
9. Matthieu V, 13-14.
10. Jean XV, 11.
11. Ps. LXXIX, 15-16.
12. C. des C. II, 10.
13. I Cor. XIII, 4-8.

5

« La deuxième plaie : les grenouilles »

Exode VII, 26-29

« YHWH dit à Moïse : Va trouver Pharaon et dis-lui : Ainsi parle YHWH : Renvoie mon peuple et qu'il Me serve. Si tu refuses de le renvoyer voici Moi j'infeste tout ton territoire de *grenouilles* ; le fleuve grouillera de *grenouilles* et elles pénétreront dans ta maison et dans la chambre où tu reposes et sur ton lit, et dans la maison de tes serviteurs et de ton peuple, dans tes fours et dans tes pétrins. Les *grenouilles* monteront sur toi, sur ton peuple et sur tous tes serviteurs. »

Et il en fut ainsi.

Les magiciens, par leurs enchantements, en firent autant. Et le cœur de Pharaon s'appesantit comme l'avait dit YHWH.

LA loi ontologique qui s'avance dans l'énoncé de cette plaie est relative à la « connaissance ».

Le mot hébreu *Tsephardim* que nous traduisons par

« grenouilles » peut être lu : « l'essor des connaissances ».

La grenouille est un animal qui vit dans l'humide et qui saute sur le sec. Rappelons-nous que, dans le contexte biblique, la dialectique du sec et de l'humide est symbolique de celle de la lumière et des ténèbres, de la conscience et de l'inconscience : elle est celle de l'Arbre de la Connaissance.

Bien des contes nous parlent de la grenouille comme de l'émergence du féminin voilé des profondeurs (les ténèbres qui contiennent le secret du retournement à la lumière).

Voici l'un d'eux ; je le cite de mémoire et ne puis en donner la provenance :

> « Il était une fois un roi très grand et très riche qui possédait un vaste et luxuriant pays. Il avait trois fils. Les deux aînés étaient de très beaux seigneurs ; ils avaient reçu une éducation soignée ; mais le troisième hélas ! était aussi laid que ses frères étaient beaux, tout malingre, boiteux et négligé de ses parents qui le pensaient du même coup idiot ; il ne put recevoir l'instruction donnée à ses frères. On s'occupait d'autant moins de lui que toute l'attention du roi était polarisée sur un autre fléau et qui, celui-là, ravageait le pays : trois singes en dévoraient les habitants.
>
> Les deux fils aînés, courageusement, décidèrent d'aller combattre les singes et d'en délivrer le pays mais refusèrent d'être accompagnés de leur frère qui devrait lui rester à la maison. Malgré qu'il se sentît malade, bravant l'interdiction de ses frères, le troisième fils décida de les suivre en cachette. Les deux aînés partirent donc. Et

quelle ne fut pas leur surprise de rencontrer en chemin une grenouille qui leur barrait la route ; ils ralentirent le galop de leurs coursiers, mais leur surprise grandit encore lorsqu'ils entendirent dame grenouille leur promettre le succès de leur entreprise s'ils consentaient à l'épouser ! "Quelle bouffonnerie est-ce là ? s'esclaffèrent-ils. Fi donc de cette sotte !" Ils éperonnèrent leurs chevaux qui s'élancèrent dans le frémissement de ceux qui hument la bataille. Mais à un détour du chemin, les singes étaient là, qui se jetèrent sur eux et les dévorèrent.

Cependant, le troisième fils du roi suivait ses frères, à pied, claudiquant, sans bourse ni besace, muni d'une simple tunique et armé d'un bâton qu'il avait détaché d'un arbre et dont il souriait en le comparant au sceptre de son père... mais qu'importe, il avançait. Et voici que soudain, sur le chemin, la grenouille était là qui lui barrait le passage.

— Dame grenouille, il me faut aller, lui dit-il gentiment.

— Mais où donc aller ? lui demanda-t-elle.

— Rejoindre mes frères qui auront bien besoin de moi pour combattre les singes.

— Tu ne pourras être vainqueur du combat que si tu acceptes de m'épouser, lui dit-elle avec autorité.

— Vous épouser ? Mais comment cela ?

— Suis-moi dans cette profondeur de la terre et tu y découvriras mon secret.

Il faisait très noir dans cette grotte, et le jeune homme n'était pas très rassuré. Mais la petite grenouille toute verte semblait bien connaître le chemin. Bientôt l'entrée de la grotte disparut complètement ; il ne brillait plus que la faible lueur verte de la grenouille. Celui que l'on disait idiot ne se posait aucune question et se laissait conduire par une étrange sensation ; étrange, et cependant connue déjà dans la partie la plus douloureuse de lui-même lorsque ses songes d'enfant abandonné le conduisaient dans une grotte semblable... A un moment ils s'arrêtèrent devant un chaudron fumant et la grenouille fit entrer le pauvret dans un bain dont elle lui assura qu'il le purifierait totalement. Lorsqu'il pénétra ce liquide qu'il discernait à peine, le jeune homme ressentit une terrible brûlure sur tout le corps ; un feu le dévorait, mais une force invincible le maintenait dans le bain. La souffrance était intolérable ; en même temps il ressentait jusque dans la moelle de ses os une sorte de lumière qui le transformait, une lumière verte comme celle de la grenouille, qui montait le long de sa colonne vertébrale, le long de ses membres, et lorsqu'elle arriva à la tête il sut qu'il était totalement guéri.

C'est alors qu'il put sortir du bain.

La petite grenouille lui remit des clefs, un arc et des flèches. Seules ces flèches pouvaient atteindre les singes, lui confia-t-elle ; elle lui indiqua enfin le chemin qu'il devait suivre, la porte qu'il devait ouvrir et lui fit promettre de s'arrêter à cette grotte, sur le chemin du retour, pour célébrer leurs noces.

Dans une verticalisation qu'il n'avait encore jamais connue, le jeune homme avançait ; une force insoupçonnée l'avait envahi et quiconque le rencontrait et fuyait les singes se sentait soudain protégé par lui qu'un nimbe de lumière entourait.

Il avançait ; et soudain, de loin, il vit les trois animaux ; une énergie nouvelle encore monta le long de sa colonne vertébrale; il ajusta son arc et tira les flèches qui, d'un trait, abattirent les singes.

Lorsqu'il s'approcha d'eux, le fils du roi toucha d'une autre flèche les cadavres des dévoreurs d'hommes. C'est alors que de leurs corps, les deux frères aînés se dégagèrent et sortirent, ressuscités! Ils s'enlacèrent tous trois dans une jubilation indescriptible et prirent le chemin du retour. Mais arrivés près de la grotte, notre héros s'arrêta; il n'avait pas oublié sa promesse. Il pria ses frères de l'attendre à la porte et lui, il entra. La grenouille l'attendait. Ils pénétrèrent ensemble les ténèbres de l'antre, et au fur et à mesure qu'ils avançaient, la grenouille n'était plus une grenouille, mais une lumière qui envahit le jeune homme; il se sentit brûler, mais d'une autre brûlure que celle éprouvée dans le bain précédent. Son cœur se mit à battre à se rompre et chaque battement donnait forme à la lumière, une forme qui l'appela à l'embrasser et qui, sous son étreinte, devint la plus ravissante des princesses.»

Le conte se termine dans la joie du mariage, la célébration de la fête et l'annonce d'une radieuse fécondité...

La grenouille est le symbole de la connaissance cachée dans l'inconscient (les eaux) mais que le mariage de l'Homme avec son autre «côté» des profondeurs[1] fait jaillir à la lumière (le sec). Les deux fils aînés du roi se sachant riches et beaux — et de plus fils de roi! — ignorent leur pauvreté intérieure; ils ne songent qu'aux conquêtes extérieures dans le jeu des séductions, des vanités et des rapports de forces inhérents à la réussite de l'homme inconscient.

Le dernier fils malingre a creusé dans la souffrance la conscience de sa faiblesse.

Nous pouvons être ces trois-là et devoir « mourir » plus d'une fois avant de nous découvrir dans cet état de misère.

Ce troisième fils sait que ce ne sont pas les valeurs du monde extérieur qui pourront lui apporter richesses et guérison. Aussi est-il prêt à percevoir plus subtil qu'elles et à reconnaître quelque chose, quelqu'un, derrière l'invraisemblable, en l'occurrence ici, la grenouille.

Les noces qu'elle lui propose parlent à son cœur ouvert aux secrets de l'intérieur, alors qu'elles ne sont que fariboles pour l'homme qui se croit riche et dont le cœur prisonnier des apparences et de leur logique reste alors fermé.

L'homme qui accepte ce mariage avec lui-même sait enlever le voile des apparences et danser sur la corde vibrante qui reconduit toute chose au Verbe parce que lui-même a fait ancrage en la source de son être. Il aime, il connaît, et c'est le jaillissement de la lumière.

La connaissance qui naît de ce mariage de l'Homme avec son féminin des profondeurs que symbolise la grenouille, un inconscient riche d'énergies latentes, est une acquisition de ces dernières ; elles deviennent alors pour l'« époux » une force et une information au sens plein du terme : elles le forment par l'intérieur. La connaissance non seulement guérit le connaissant, mais le transforme peu à peu en lumière : car il ne s'agit pas d'une connaissance intellectuelle mais d'une émergence de conscience. La clef, l'arc et les flèches en sont les symboles.

La connaissance acquise par les études et les livres reste une dualité connaissant-connu ; elle exige un lourd travail et un grand effort de mémorisation, laquelle a son siège dans le cerveau ; elle peut aussi éclairer l'être, mais en partie seulement si elle n'amorce pas l'autre voie d'accès à la connaissance née, celle-ci, de l'intérieur.

Cette dernière est amour. Fruit du mariage de l'Homme avec la grenouille, elle ne demande aucun effort de mémorisation parce que la grenouille est représentative de ce qui habitait en fait chaque cellule de l'être, mais à l'état de ténèbres, et qui s'est trouvé radicalement transformé *in situ* par le mariage, et devenu de la lumière. On ne peut donc pas parler de mémoire — si ce n'est cellulaire — car l'Homme renaît lui-même de ce mariage où mort et naissance jumelles recréent un être nouveau, pétri de cette part de connaissance qui est conscience ; cet objet de connaissance est alors si pleinement assimilé qu'il ne fait plus qu'un avec le connaissant. A la limite, celui-ci n'aura pas besoin de parler pour en transmettre le contenu, car son être le rayonne, et son corps tout entier se fait peu à peu organe du Verbe.

La loi dont je parlais plus haut, et qui ressortit à cette deuxième plaie d'Égypte, renvoie au mythe de la chute : le serpent de la Genèse est celui qui amène l'Homme à n'acquérir la connaissance que par l'extérieur. Cet homme reste alors étranger à ses richesses potentielles qui fondent son être psychique ; celles-ci deviennent ses « démons » ; elles se retournent pour une grande part contre lui et le dévorent.

Symboliquement, ce sont les grenouilles qui envahissent tout : « La chambre à coucher, les fours et les pétrins », et que l'homme inconscient ne peut plus contrôler. J'en reparlerai plus loin.

D'autre part les objets de connaissance acquis par l'extérieur n'en restent pas moins étrangers à l'Homme qui ne les perçoit qu'en altérité à lui-même et dans une superficialité égale à celle en laquelle il se perçoit lui-même ; il les « chosifie », les manipule car il n'en a qu'une vision inerte et mécaniste, non transformatrice ; l'amour en est absent, et l'homme aveugle à sa propre intériorité reste aveugle à la profondeur de toute réalité qui donc lui échappe. Il est celui qui ne sait pas reconnaître la grenouille et qui ne saurait davantage voir clignoter un brin d'herbe ni discerner ce qui se cache derrière toute chose, derrière chaque événement ! Insatisfait, il tente inconsciemment de compenser par le nombre, l'accumulation des choses, le plaisir qu'elles lui refusent ; et plus il exige d'elles, plus il en devient esclave, et plus elles le dévorent.

Les trois singes du conte rejoignent ceux que la tradition hindoue représente comme symbole de sagesse. La Chine voit aussi dans le singe le symbole de la Sagesse divine[2]. Les trois singes dévoreurs sont l'objectivation d'une sagesse à laquelle les habitants de ce pays refusent d'accéder. Ces habitants sont eux-mêmes représentés par les trois fils du roi. Tous sont mangés par les objets de leurs esclavages. Mais le troisième fils, lui, ne participe pas de l'intelligence de ses frères parce qu'il est ouvert à cet autre mode de connaissance qui le conduit à percevoir le secret de la grenouille ; il est déjà dans une autre sagesse et l'intelligence que lui confère la grenouille lui donne la plénitude de la sagesse, celle qui va détruire les singes, non pas en tant que singes, mais en tant que dévoreurs.

En nous tous dort quelque part ce troisième fils de roi capable d'un éveil qui permettrait de ressusciter tout ce qui en nous est déjà englouti par l'inconscience.

Et si nous revenons maintenant à notre deuxième plaie d'Égypte, il est clair que les grenouilles envahissant la terre d'Égypte, dévorant tout, sont analogues aux singes du conte qui, inséparables de la grenouille, en sont comme la face inversée, car celui qui accède à une intelligence plus haute accède aussi à une plus haute sagesse.

Au cœur de l'Égypte, les Hébreux sont analogues au troisième fils du roi. Manipulés, robotisés, oppressés par Pharaon, ils sont comme ce troisième fils, creusés par la souffrance; ils deviennent peu à peu accessibles au mode de connaissance qui a déjà saisi l'un d'eux, Moïse.

Le clivage va se faire, de plus en plus net : d'un côté l'« Égyptien » qui sous son statut de maître devient de plus en plus esclave de ses esclaves qu'il ne veut plus lâcher, de l'autre côté l'« Hébreu » qui, au-delà de son état d'esclave, se libère.

Les grenouilles qui représentent les esclavages de Pharaon et des Égyptiens sont, celles-là, inépousées, et deviennent des démons agressifs. Les pétrins et les fours qu'elles envahissent sont les espaces correspondants aux deux temps essentiels de la fabrication du pain. Le premier est une « matrice » d'eau, le second une « matrice » de feu. L'un et l'autre symbolisent les deux matrices d'eau et de feu — le bain brûlant auquel le troisième fils est soumis —, par lesquelles le mariage intérieur oblige l'Homme à passer. Je me suis longuement exprimée dans l'étude du symbolisme du corps au sujet de ces deux matrices subtiles dans lesquelles l'Homme est appelé à assumer les différentes phases de sa gestation en tant qu'il a fondamentalement vocation de maternité, comme je l'ai dit plus haut.

Ces matrices qui portent l'enfant divin en devenir — comme d'autres organes que les Chinois décrivent — ne se manifestent pas d'une façon formelle, mais leur fonction énergétique n'en est pas moins puissante. (Tels sont : le « triple réchauffeur », le « cœur centre », etc. ; et pour ces deux matrices, les deux « champs de cinabre inférieurs ».) La matrice d'eau se situe au niveau du ventre, celle de feu, dans la « forge » du thorax. J'aurai à parler plus tard de la troisième matrice, crânienne celle-là, à propos de la dixième plaie : « la mort des fils des Égyptiens », qui nous renverra à la mort du Fils de l'Homme, au Golgotha — lieu du crâne.

Mais avec cette plaie, nous nous acheminons vers les deux premières matrices : dans l'une, celle d'eau, l'Homme est porté peu à peu vers son intériorité, par un apprentissage à l'écoute du cœur et il se situe face aux exigences du monde extérieur dans lequel il prend les options voulues dans l'ordre de cette écoute. Dans l'autre, celle de feu, il se situe face à lui-même et assume ses mariages intérieurs.

Dans les mystères chrétiens, elles sont nommées fermement par Jean-Baptiste lorsque le Précurseur désigne celui pour lequel il avait déjà frémi dans le ventre de sa mère, Jésus, qu'il reconnaît sur les bords du Jourdain et dont il dit :

> « Celui-ci est l'Agneau de Dieu. Moi je vous baptise d'eau, Lui vous baptisera de feu[3]. »

L'Agneau de Dieu est le « Pain de Vie ». Et celui qui n'assume pas avec lui ce travail intérieur « dans les pétrins et les fours » laisse envahir ses deux « matrices » que sont le ventre et le cœur par un monde psychique et passionnel (symboliquement, les grenouilles) qui le tue.

Pour clore cette réflexion sur les deux modes de connaissance que j'ai distingués l'un de l'autre, j'ajouterai qu'il ne s'agit pas non plus de les séparer et moins encore de les classer dans des catégories de bien — la connaissance par le mariage avec la grenouille — et de mal — celle qu'apporte le serpent de la Genèse. Le drame de la Chute, dans le récit biblique, consiste dans l'abolition totale de leur union dans un rapport juste. Le serpent évacue radicalement le mariage avec la grenouille : il tend un fruit que l'Homme n'est pas devenu.

Le vrai mariage de l'Homme avec son cosmos intérieur (car il peut y avoir là aussi tant d'illusions !) l'ouvre à la connaissance naturelle du cosmos extérieur puisqu'ils sont les deux pôles d'une même réalité dont le secret est au plus profond de l'intériorité, mais dont on peut très vite faire l'expérience.

L'inverse : la connaissance du monde extérieur, si elle conduit parfois à celle du cosmos intérieur lorsque le cœur reste ouvert, est beaucoup plus souvent un chemin labyrinthique, sans issue, épuisant, voire mortel !

Et puisque nous sommes en Égypte, il convient de parler de ce qui semble être une troisième voie, mais qui en réalité ressortit à celle du serpent, je veux parler de la magie. Les magiciens font partie intégrante de la cour de Pharaon. Ils connaissent en détail le processus alchimique de la transformation intérieure et le transposent à l'extérieur, en en faisant des outils de pouvoir. En cette deuxième « plaie » les magiciens sont là et œuvrent à l'égal de Moïse et d'Aaron, apparemment. A la troisième plaie, ils seront là encore mais se reconnaîtront dépassés par « le doigt de Dieu » plus fort que le leur. Après quoi ils disparaîtront de ce champ d'épreuves.

Il est cependant, je crois, une authentique troisième voie, celle de l'art et de tout travail manuel en tant qu'il se vit en rapport direct avec la matière qui travaillée, aimée, peut jouer comme la grenouille...

Je focalise maintenant l'étude de la réalité actuelle de cette plaie sur l'Occident, berceau de « l'essor des connaissances ».

Depuis la Renaissance, les sciences se sont échappées de leur tutelle religieuse.

Il ne pouvait en être autrement.

Je veux dire que si la religion maintenait jusque-là les connaissances que l'Homme pouvait prendre du monde extérieur dans son giron, c'est qu'elle sentait bien le danger de leur prise d'autonomie. Malheureusement elle n'était pas assez mûre pour se constituer en instance parentale, incapable qu'elle était d'en assumer l'exercice autrement que par contrainte et autorité.

L'Église de cette époque, en Occident, s'était déjà scindée depuis trois à quatre cents ans de sa fratrie orientale (le schisme Orient-Occident date de 1054), leur tronc commun s'étant déjà fortement coupé lui-même depuis longtemps de ses racines juives. C'est donc très anémiée qu'elle se présentait devant l'Homme de la Renaissance pour qui elle était loin de rayonner le Verbe. La dichotomie clercs-laïcs, Église enseignante-Église enseignée, qu'elle avait elle-même instituée, ne pouvait alors que se rompre sous l'immense poussée de légitime exigence de connaissances dites profanes venant d'un peuple qui se trouvait exclu du droit de savoir même dans le domaine religieux.

Le rôle de l'Église aurait dû consister non pas à interdire une voie d'errance au nom de principes moraux auxquels elle était réduite et qui ne faisaient plus le poids, mais à vivre le vrai chemin, à témoigner de lui et à distribuer la nourriture nécessaire pour le suivre. L'Église aurait dû être le Verbe qui vit et clame :

« Cherchez le Royaume qui est à l'intérieur de vous, le reste vous sera donné par surcroît[4]. »

Elle était devenue un homme et ses ministres qui tous commençaient d'établir le Royaume extérieur, d'agiter mémoire et intellect comme moyen de connaissance, en un mot de jouer le jeu du serpent. Je ne parle ici que de l'Église-institution, car que de saints au milieu de cette Babylone, grâce auxquels subsiste, au milieu d'elle aussi, une citadelle de transcendance réelle ! Et celle-ci est seule, mais d'une force divine, tel David, futur roi d'Israël mais alors seulement le petit pâtre, devant le géant Goliath[5], à faire face aux monstres que nous engendrons. Car ce que je veux dire encore, et qui relève de ce chapitre, est ceci :

Les sciences ont grandi depuis un demi-millénaire à une vitesse exponentielle sans que leurs effets aient été ressentis jusqu'à il y a peu de temps encore comme réellement alarmants. Au contraire, à un premier degré d'observation, on a pu constater à quel point elles ont amélioré la vie ; mais à un second degré, on ne peut nier que si elles ont libéré le corps, par exemple (médecine, inventions, techniques, etc.), elles ont par voie de conséquence aliéné l'âme, créé d'autres maladies et jusqu'à nos maladies sociales les plus graves. Elles ont aussi parfois tué l'Esprit. Certains philosophes comme Nicolas Berdiaeff ont en leur temps très finement analysé cela. Que diraient-ils maintenant ! Un accent prophétique leur faisait soupçonner notre réalité actuelle.

Aujourd'hui, nous n'avons pas besoin d'être philosophes au sens universitaire du terme pour analyser dès le premier degré d'observation l'impasse dramatique au fond de laquelle nos dernières découvertes nous précipitent.

Je ne prendrai ici qu'un seul exemple :

Tel le troisième fils de Noé, Ḥam, qui a enlevé les voiles de la tente où son père nu vivait le secret de ses noces divines, tel l'Homme aujourd'hui brisant le noyau de l'atome.

Noé est entré dans le « secret » par l'intérieur, après avoir vécu la totalité de ses épousailles avec son féminin des profondeurs (la grenouille) dans l'arche ; il est alors devenu le fruit de l'Arbre de la Connaissance dans l'ivresse juste d'une jouissance absolue. Ḥam, lui, est entré dans le secret par effraction, viol. Tandis que ses deux autres frères recouvraient la tente d'un voile, en marchant à reculons.

L'Homme qui n'est pas devenu le noyau de son être, et qui n'en a donc pas libéré l'énergie, est incapable de gérer celle du noyau de la matière conquise dans ce cas, c'est évident, par l'extérieur : elle lui échappe, elle a une autonomie en elle-même ; qu'elle soit manipulée par les uns qui se croient tout-puissants, ou refusée par les autres qui défilent en agitant des slogans de peur, elle se rit d'eux tous parce que c'est elle qui a le pouvoir. Elle ne pourrait être maîtrisée que par une force qui la contienne, celle de l'Homme devenu lumière en obéissant à l'ordre de la Genèse :

> « Tu domineras, dit Elohim à Adam, sur les poissons de la mer, sur les oiseaux du ciel, sur le bétail et sur tout le rampant qui rampe sur le sec[6]. »

Ce cosmos étant entendu comme celui, tout intérieur, que le propre noyau d'Adam satellise ; le noyau d'Adam

— le nôtre donc — est « l'image divine », le Verbe divin qui le fonde, celui que Noé, après avoir traversé et accompli ses espaces intérieurs, a atteint « dans la tente ». (Un jeu de mots lie le NOM divin d'Elohim avec celui de la tente *Ohel*.)

Nos voyages extérieurs, les grandes conquêtes du monde et jusqu'à notre percée dans l'espace (œuvres des deux premiers fils du roi) ne sont que les transpositions inconscientes de cette seule conquête essentielle dont les autres seraient la conséquence naturelle, si nous l'accomplissions.

Tant que nous avons joué les petits soldats, cela a fait couler et cela continue de faire couler le sang, c'est beaucoup de souffrances... Maintenant que nous jouons les Ḥam, c'est grave.

J'écris ces lignes quelques semaines après la guerre du Golfe, et nous savons tous que la peur seule d'en être les premières victimes nous a évité la bombe atomique. Mais que sera demain ? Sans compter les Tchernobyl passés et éventuels, cette « absinthe » (traduction du mot russe Tchernobyl) qui se répand et n'a pas fini de se répandre comme le décrit aussi l'Apôtre Jean dans sa vision apocalyptique — vision des « voiles enlevés », celle du dévoilement des mystères[7]. Les radiations atomiques meurtrières et stérilisantes redoutablement destructrices sont l'envers des rayons de lumière que l'Homme devenu Arbre de la Connaissance et entrant dans l'Arbre de Vie (la tente) devrait étinceler, transfigurant le monde.

Le face-à-face est sous nos yeux.

L'« Hébreu » voit.

Il commence à sentir la résonance de tout événement avec l'archétype qui le mobilise, celle des « eaux-d'en-bas » avec les « eaux-d'en-haut » séparées au deuxième jour de la Genèse, mais aussitôt réunies dans cet embrasement dont j'ai parlé plus haut. Il commence à sentir qu'en image, le langage de la grenouille l'invite à ce même embrassement avec lui-même !

Tout est noces !

Et par ces noces, l'accouchement à un tout possible de lui-même commence à le saisir !

L'« Hébreu » entre dans cet autre registre de sensibilité qui est aussi celui de la connaissance.

L'« Égyptien » reste fermé à lui-même, ses yeux aveugles à la lumière des profondeurs ; il quête un savoir sans conscience ; il est semblable au docteur de la loi, Nicodème, qui vint trouver Jésus pendant la nuit de peur que sa démarche ne soit découverte de ses collègues. Inquiet de savoir comment renaître, il s'étonne de devoir rentrer dans le ventre de sa mère une seconde fois !

— Amen, Amen, dit Jésus, à moins de naître de l'eau et de l'esprit, nul ne peut entrer dans le Royaume de Dieu.

— Comment cela peut-il se faire ? dit Nicodème.

— Tu es docteur en Israël, et tu ne comprends pas ce langage ! s'écria Jésus attristé de la fermeture de cœur de cet homme[8] !

« Bienheureux les pauvres en esprit, dira-t-il, car le Royaume des cieux est à eux[9]. »

NOTES

1. *Cf.* : *supra*, p. 11.
2. *Cf.* : L. Ch. de V., p. 170.
3. Jean I, 29-34.
4. Luc XII, 31.
5. I Samuel XVII
6. Genèse I, 26 et 27.
7. Apoc. VIII, 11.
8. Jean III, 1-10.
9. Matthieu V, 3.

6

« La troisième plaie : la vermine »

Exode VIII, 12-15

« YHWH dit à Moïse : Dis à Aaron : Étends ta verge et frappe la poussière de la terre, elle deviendra de *la vermine* sur toute la terre d'Égypte.

Ils firent cela, *certes* ; Aaron étendit sa main avec son bâton et il frappa la poussière de la terre et elle devint *la vermine* sur l'Homme et sur le bétail et toute la poussière de la terre fut de *la vermine* sur toute la terre d'Égypte ; les magiciens tentèrent *certes* par leurs enchantements de faire disparaître *la vermine*, mais ils ne le purent pas et *la vermine* fut sur l'Homme et sur le bétail ; les magiciens dirent à Pharaon : c'est le doigt de Dieu. Et le cœur de Pharaon se durcit et il ne les écouta point, comme avait parlé YHWH à ce sujet. »

LA racine du mot hébreu *Kinim* qui désigne la « vermine » est *Kcn*, le « oui » hébreu et, par extension, toute idée d'affirmation, de confirmation, voire d'affermissement, de stabilisation, etc.

Ce mot lui-même est prononcé cinq fois dans le récit mais deux autres fois dans sa racine *Ken* : « certes » ; en tout sept fois. Enfin, l'objet transformé en vermine est la « poussière de la terre ». Ces trois observations m'amènent à penser que cette plaie est une conséquence directe de la précédente : elle en serait la confirmation, comme le seraient à un principe ses multiples applications qui le vérifieraient.

Les multiples applications sont exprimées dans le texte biblique avec une admirable sobriété : il s'agit de la « poussière de la terre ».

Le nombre sept qui leur est attaché indique qu'elles doivent aller jusqu'au bout de ce qu'elles sont dans leur principe pour que l'Homme fasse l'expérience de leur nocivité et remette en question leur principe. Car le nombre sept, lié à une idée de satiété, de plénitude, implique donc un changement, une mutation dont le pôle « mort » ne peut se faire que dans une grande souffrance quand il y a « vermine », mais dont le pôle « naissance » reste présent, ouvert !

« Tu accoucheras dans la douleur »,

dit Dieu à Adam qui vient de consommer le fruit de cette fausse connaissance[1] ; dans la douleur, ce sera terrible, mais « tu accoucheras » ; rien n'est fermé ; l'Homme pourra continuer de muter ; il ne mutera cependant qu'après être allé jusqu'au bout de ses erreurs pour les reconnaître. A ce moment précis de la confession de l'erreur, la mutation se fera, car déjà le Christ-YHWH, l'« Instant » est ressuscité !

Repartons du texte :

« Frappe la poussière de la terre, dit Dieu à Moïse, elle deviendra de la vermine ».

Nous ne pouvons entrer dans le symbolisme de cette « poussière » que si nous revenons à celle de la Genèse lorsqu'au septième jour :

« YHWH-Élohim forme Adam poussière tirée
de la terre[2]. »

La « terre » est ici le mot hébreu *Adamah* — terre inté rieure de l'Adam — et la qualité de « poussière » de l'Adam (de l'Homme) est la multiplicité inouïe des richesses potentielles de son inconscient, tout ce qui « fourmille », « grouille », dit le texte du cinquième jour de la Genèse, dans les eaux de son inaccompli ; car, bien que traduite par « terre », cette *Adamah* est constituée d'humide (l'humilité n'est qu'une attitude intérieure de retournement vers elle). Par un travail d'accomplissement dans lequel l'humilité jouera un grand rôle, cette multiplicité de l'humide sera asséchée pour en faire de l'unité dans le « sec », une « terre » accomplie ; et le mot « sec » ou « terre », dans ce cas, est *Erets* dont les deux premières lettres sont celles de la lumière, car cette terre-là est de la conscience, de l'accompli.

Après la chute, aucun travail ne se fait plus, aucune conscience n'émerge et lorsque le texte biblique parle de la terre-*Erets*, il ne s'agit plus que de la terre extérieure, par rapport aux océans, ou bien — et c'est ici le cas — des productions de l'intellect. Car l'Homme investit en grande partie dans son intelligence intellectuelle les richesses potentielles du NOM qu'il ne cherche plus à atteindre ; il travaille alors comme un fou, en compensations inconscientes, pour se faire une renommée !

La « poussière de la terre-*Erets* », dont nous parle ce texte de la troisième plaie, est en soi une contradiction, puisque, ontologiquement, cette terre-là est de l'unité accomplie à partir de la multiplicité, comme une « contraction » subite du multiple, une « coagulation » des eaux, une « prise » de conscience. La « poussière de la terre » est donc bien ici celle toute formelle de la terre extérieure, mais elle représente la multiplicité des inventions, des productions, des techniques, des philosophies-systèmes de pensées-idéologies, des institutions, etc., dans lesquelles l'Homme s'organise et se libère peu à peu de l'asservissement au cosmos extérieur seul.

L'Homme de la chute que symbolise l'« Égyptien », mais en partie aussi l'« Hébreu » tant qu'il reste confondu avec son oppresseur, ne fait que déplacer les pôles d'asservissements car nous allons le voir devenir de plus en plus esclave de ses productions et en aliéner son âme.

Lorsque Dieu demande alors à Moïse de frapper cette poussière, Il fait en sorte que la verge d'Aaron révèle l'identité profonde de ce qu'elle représente : les folles richesses des inventions humaines et de leurs qualités informantes pour l'Homme. L'Homme est amené à créer un monde désinséré de ses archétypes internes, an-archique, fou, dans lequel il instaure un semblant d'ordre par une complexité de lois qui ne se réfèrent plus au Logos, mais à ses bons — mais inconscients — sentiments !...

A la limite c'est la vermine ; elle grouille, elle vit, mais elle engendre la mort.

Dieu avait conféré à la verge d'Aaron comme à la main de Moïse le pouvoir de transformer toute chose apparente en sa réalité subtile. Sous son ordre, le bâton était devenu un serpent, la main s'était couverte de lèpre. Le bâton est le signe de l'autorité qu'est le serpent-sagesse. La main, *Yad* en hébreu, est le symbole du NOM divin YHWH contenu dans sa première lettre, le *Yod*. Lorsque la main n'est plus « faiseuse » de lumière, elle détermine la maladie, ici la maladie de peau, la peau étant, dans la Chute, siège d'ignorance, opacification, aveuglement, inconscience. Mais dotée du pouvoir divin du *Yod*, la main guérit[3].

C'est pourquoi la verge d'Aaron, à partir de la poussière d'un sec qui n'est pas né de l'humide, révèle notre vermine !

Et c'est aussi pourquoi là où l'« Égyptien » ne voit que magie alors que l'« Hébreu » y découvre la profondeur des choses, Dieu met un terme au pouvoir des magiciens. Et ceux-ci reconnaissent « le doigt de Dieu » que Pharaon refuse de voir.

Dans la perspective de la rupture totale entre connaissance née de l'intérieur et celle acquise de l'extérieur, cette dernière, jouant cavalier seul, ne jouit plus ni de l'intelligence qui relie chaque objet à son modèle divin, ni de la sagesse qui permettrait leur juste gestion.

L'intelligence et la sagesse de l'Homme, en cet état de chute normalisée, n'ont plus aucun critère de référence.

Dans cet « envers » de la juste connaissance, et à partir de cette vision inerte des choses, l'Homme s'est créé un paradigme, qui a structuré sa pensée, et par voie de conséquence, ses institutions. Qu'elles soient d'ordre politique, social, scolaire, voire religieuses (car celles-ci n'y ont quelquefois pas échappé, si paradoxal que cela puisse paraître !), qu'elles soient relatives à l'éducation, à l'agriculture, aux données économiques ou à la recherche scientifique, etc., elles ne peuvent dans leur aboutissement que le conduire à cette mort-souffrance dont je parlais plus haut et qui s'ouvrira sur une naissance. Mais la souffrance sera d'autant moins grande que nous pourrons prendre une part active à cette mutation ; car aujourd'hui ce n'est plus le peuple juif qui fait la Pâque, mais toute l'Égypte, c'est-à-dire toutes les nations que l'on voit s'embourber de plus en plus dans la vermine qu'elles créent. Et si chaque homme faisait en lui-même cette mutation, dans sa personne propre, que de souffrances nous pourrions éviter ! Nous sommes très responsables. D'où ce livre.

J'entends encore le chirurgien dont j'étais autrefois l'anesthésiste me dire : « Annick, la recherche scientifique ne peut être qu'agnostique. »

Il était amusant d'entendre ce mot « non-connaissance » qualifier la science. Le paradoxe était hélas bien signifiant !

Il est certain que le terme « agnostique » dans la bouche de cet homme voulait dire l'absolue nécessité d'émancipation des sciences de leurs entraves religieuses, comme j'en ai parlé plus haut. Mais la philosophie des sciences dans cette attitude négative n'a été que réactionnelle et n'a plus reposé que sur des valeurs humaines coupées de toute transcendance, celle-ci étant alors confondue avec l'infantilisme religieux. Or, dans tous les domaines, les sciences aboutissent aujourd'hui sur des valeurs relevant de la transcendance : les mathématiques atteignent à la mystique ; la physique se heurte de toute part à la métaphysique et la matière délivre le secret de son énergie ; la médecine qui traite de la naissance et de la mort ne peut plus en écarter le mystère ; la psychiatrie ne pourra pas indéfiniment évacuer derrière les cachettes de la chimiothérapie la nature des maladies qu'elle traite ; les sciences humaines s'ouvrent au divin, et les sciences pédagogiques commencent à découvrir derrière les matières à enseigner qu'il y a un enfant...

L'expérience est là, de toutes parts ; comme un bélier, elle fonce sur les blocages des vieilles institutions qui résistent comme elles peuvent en abandonnant les éthiques dont elles relèvent et qui ne fonctionnent plus que par habitude ou par peur de remettre en question leurs axiomes ; mais en fait, elles sont en voie d'effondrement. Et lorsqu'il s'agit d'entrer dans la réalité quotidienne et brûlante, et de traiter des sujets qui touchent aux profondeurs, il n'y a plus aucune valeur de référence. Les bons sentiments vont alors leur train dans leurs infantiles contradictions et ne font pas le poids.

Qui peut parler aujourd'hui de la « peine de mort » dans le plein éclairage de la question ? Qui, du « droit de guerre », qui, de la « liberté », qui ne soit pas conscient de la présence divine en l'Homme ? Je ne ferai qu'entrouvrir trois dossiers qui révéleront notre vermine ; celui des manipulations génétiques, celui d'un aspect des sciences humaines, et celui d'une idéologie politique.

Le dossier des manipulations génétiques est terrifiant.

Peut-être ces recherches en biogénétique ont-elles été hâtées par la pression de ceux, femmes et parfois hommes, qui désirent avoir un enfant « à tout prix ». Il est vrai que cette dimension d'enfantement d'ordre animal — j'en parle sans aucune note péjorative étant moi-même mère de famille et combien heureuse de l'être ! — est nécessaire, belle, donatrice d'équilibre et d'épanouissement d'un premier temps de la vie. Mais il est vrai aussi que l'Homme est ontologiquement créé pour un autre ordre d'enfantement, celui de son intériorité. Mettre au monde un « fils » nouveau, dans cet ordre, c'est se construire soi-même dans une verticalisation qui est la seule voie de sortie du labyrinthe. Peut-être le langage du corps indique-t-il à certains de ces couples stériles d'aller plus directement vers cette qualité de fécondité qui parfois d'ailleurs donne ouverture à la fécondité première.

Mais la découverte d'une technique de fécondation en entraînant une autre, on en est aujourd'hui arrivé à pouvoir fabriquer par clonage des êtres totalement artificiels, des monstres sans doute, physiquement et psychologiquement ! N'étant plus nés de l'homme et de la femme, ils ne sont plus dans le regard ontologique (car au moins jusqu'à aujourd'hui, même dans cet état de chute, tout être humain né de la rencontre homme-femme restait en soi dans ce regard ontologique, pouvait à tout instant se placer consciemment en lui, entrer ainsi en résonance avec le noyau divin de son être et prendre le chemin des mutations).

Ces nouveaux êtres robotisés au plus bas ou au plus haut niveau d'efficacité ne seront même plus des produits du labyrinthe mais ceux d'un enfer diabolique également peuplé d'animaux obtenus par ces mêmes manipulations.

Il s'agit de l'ouverture d'un nouvel espace par le bas, antithèse des espaces conquis dans la verticalisation de l'être vers un devenir Verbe. C'est l'anti-évolution, l'anti-verbe que dénonce l'apôtre « au secret divin [4] ».

Sans même arriver jusqu'au clonage, les manipulations qui sont effectuées aujourd'hui avec certitude impliquent une robotisation de l'enfant qui devient alors objet de désir plus que d'amour. Sa conception en éprouvette ou dans un ventre-éprouvette risque d'exclure la transfusion d'énergies parentales aimantes et préparatrices de l'émergence de sa secrète transcendance.

Des comités d'éthique se forment pour mettre bon ordre à ce qui est ressenti comme un danger : hommes de sciences, philosophes, théologiens, sages... s'efforcent de faire la lecture de ces événements derrière les grilles de la morale, car ils n'en ont pas d'autres. Est-ce bien, est-ce mal? se demandent-ils puisque le cœur ne s'est pas ouvert à l'ontologique : et, bien sûr, tout leur échappe! C'est comme si l'on voulait traiter des radiations atomiques avec un cachet d'aspirine.

De savoir que ces comités existent, cela rassure peut-être ceux qui ignorent leur inadéquation totale à l'objet du problème dont ils débattent et de plus, la nullité de leur pouvoir de décision!

Il y a là plus que de la vermine, un drame que la miséricorde divine arrêtera avant qu'il ne soit trop tard :

> « Voici l'Homme est devenu comme Un à cause de celui-là pour la connaissance de l'accompli et de l'inaccompli. Empêchons-le maintenant d'avancer la main et de prendre aussi de l'Arbre de Vie, d'en manger, et de vivre continuellement dans les temps[5]. »

Je me suis exprimée sur ce sujet dans un autre ouvrage[6]. Dans celui-ci j'ai parlé de la fission de l'atome. Je n'ajoute en ces lignes que l'aspect « vermine » des conséquences de notre inconscience à leur sujet.

Les sciences humaines de leur côté ont développé l'esprit d'analyse. En soi, cela me paraît un énorme progrès : aller vers les épousailles de nos profondeurs et gagner ainsi les hauteurs dans de nouveaux champs de conscience est la vocation même de l'Homme ; celui-ci créé à l'Image de Dieu ne peut atteindre à la ressemblance que par cette conquête. Mais si cela se fait hors des normes ontologiques, hors des lois qui y président, sans conscience du noyau divin qui fonde nos profondeurs, et sans Dieu, l'analyse conduit alors au jugement qui ne connaît ni l'amour ni le pardon, dans des enfers dont on ne ressort pas. C'est alors l'éclatement de la personnalité : cela peut être celui de la famille et coextensivement la désagrégation de bien des structures sociales qui avaient encore caractère traditionnel. Et c'est aussi l'enfer, la vermine.

Quant à l'idéologie philosophique désinsérée des archétypes fondateurs, nous venons d'en vivre l'échec dans son application politique à travers le marxisme — mais ce n'est qu'un exemple parmi beaucoup d'autres.

Toute idéologie qui ne repose pas sur une anthropologie juste est une utopie chimérique absolue. Je veux dire par là qu'il y a dans ce cas un « non-lieu » d'être en soi (« non-lieu » étant le sens étymologique du substantif « utopie ») ; car il y a aussi des valeurs qui peuvent paraître utopiques et connaître un « non-lieu » d'être pour un temps donné, le temps de mûrissement nécessaire à l'Homme pour qu'il accède à ces valeurs, mais celles-ci sont en elles-mêmes ontologiques.

Une anthropologie juste devra tenir compte de l'Homme image de Dieu, relié à Lui dans une respiration créatrice constante, de chaque « instant », de chaque « JE SUIS ». Une dans son essence, multiple dans ses personnes, l'humanité est faite d'êtres dont chacun la contient toute ; ce qui veut dire que toute société qui privilégie le groupe par rapport à l'individu qu'alors elle sacrifie est voué à la mort ; et que toute société qui privilégie l'individu par rapport à la masse qu'elle exclut est elle aussi vouée à la mort.

Nos valeurs occidentales, essentiellement basées sur ce dernier concept, ne sont pas moins aliénantes que les autres et tôt ou tard elles aussi vouées à l'échec. Nous n'avons dressé jusqu'à aujourd'hui que des données anthropologiques répondant à des observations extérieures, mais coupées de l'expérience intérieure, et nous générons de la vermine.

Un autre aspect du nom de la vermine va nous permettre d'affiner la réalité de cette troisième plaie.

Le mot hébreu *Kinim* qui la désigne contient la racine du verbe *Kanoh*, lequel signifie « honorer, vénérer ».

L'« Égyptien » que nous sommes vénère ce qu'il affirme ; il donne à ses connaissances et aux applications qu'il en fait valeurs absolues, c'est-à-dire valeur d'idoles.

Du plus petit au plus grand, nous ne pouvons remettre en question nos certitudes, nous idolâtrons nos pensées et refusons de nous désécuriser par rapport à elles et aux fruits savoureux — mais souvent amers aussi — qu'elles nous procurent.

Bien sûr cette remarque est relative car les sciences, par exemple, avancent, mais combien elles rejouent cette même idolâtrie à chacun de leurs pas !

Pour l'« Hébreu », aucune « poussière » ne devient objet de vénération. Redonnée à sa vocation ontologique, la poussière connaît l'immense fécondité qu'elle promettait :

«Que verdure la verdure...
Que l'arbre à fruit fasse fruit»,

dit Dieu au troisième jour de la Genèse.

Et la connaissance née de son mariage intérieur fructifie chez l'«Hébreu» dans l'intimité retrouvée avec Dieu, Lui seul vénéré, contemplé, et révélant alors, avec les mystères divins, les mystères du monde. Le cœur de l'«Hébreu» se remplit d'allégresse.

Mais les lois ontologiques exigent de lui que les valeurs d'une terre intégrée laissent place à celles d'une autre terre qui naîtra d'un nouveau mariage intérieur... il ne pourra jamais s'installer ni donner force d'absolu à ce qui doit s'effacer pour aller vers l'Absolu.

«Le Fils de l'Homme n'a pas d'endroit
pour reposer sa tête.»

La joie cependant ne le quitte plus car dans cette transhumance incessante, une permanence se dessine.

Parce qu'il est poussière, l'«Hébreu» se retourne vers la poussière en se retournant vers sa terre intérieure ; il est alors sur le chemin de sortie de l'esclavage ; car telle fut la promesse divine faite à Adam, rappelons-le :

«Tu mangeras ton pain à la sueur de tes narines jusqu'à ce que tu te retournes vers ta *Adamah* [terre-mère intérieure] d'où tu as été tiré, car poussière, toi, et vers la poussière, retourne-toi[7] !»

L'«Égyptien» ne connaît pas encore le retournement ! Il construit les royaumes extérieurs qui seront alors réduits en poussière, y compris les temples qui couvrent ses idolâtries !

Le Christ a rencontré et renvoyé le Satan. Il construit le Royaume intérieur. Il en est la « Pierre d'Angle ».

Comme Il sortait du temple, un des disciples lui dit :

— Maître regarde, quelles pierres ! et quelles constructions !

Jésus lui répondit :

— Tu vois ce grand édifice ? Il n'y sera laissé pierre sur pierre qui ne soit détruit[8].

NOTES

1. Genèse III, 16.
2. Genèse II, 7.
3. Exode IV, 1-7.
4. I Jean, II, 18 — II Jean, VII.
5. Genèse III, 22.
6. *Cf.* : A. de F., t. III, chap. 22.
7. Genèse III, 19 déjà cité p. 46.
8. Marc XIII, 1 et 2.

7

« La quatrième plaie : l'insecte »

Exode VIII, 16-20

« YHWH dit à Moïse : Demain, de bon matin, présente-toi devant Pharaon qui sortira vers les eaux. Tu lui diras : Ainsi parle YHWH : Renvoie mon peuple pour qu'il me serve. Si tu n'es pas celui qui renvoie mon peuple voici Moi, Je serai celui qui envoie en toi et dans tes serviteurs et dans ton peuple et dans tes maisons *l'insecte* qui remplira les maisons des Égyptiens et *l'insecte* aussi qui remplira la terre où ils demeurent. Je distinguerai en ce jour, celui-là, la Terre de Goshen où mon peuple dresse sa demeure afin qu'il n'y ait point là *d'insecte*, afin que tu saches que Moi YHWH Je suis au cœur de cette terre. J'établirai une séparation entre mon peuple et ton peuple. Pour demain est ce signe. »

Et il en fut ainsi.

Mais Pharaon appesantit son cœur et cette fois encore il ne renvoya pas le peuple.

En cette quatrième plaie, l'« insecte » qui envahit la terre d'Égypte est le mot hébreu *Arob*.

Son nom clignote de multiples feux dont le premier éclaire une homonymie parfaite, le verbe « s'obscurcir », le deuxième est *Ereb*, fait des mêmes lettres-énergies que *Arob*. *Ereb* est « le soir », ce moment de la Genèse où tout s'obscurcit, par rapport au jour précédent, mais où tout commence car il introduit dans la nuit matricielle d'un jour nouveau

« Il est un soir, il est un matin, jour Un.
Puis deuxième jour,... troisième jour, etc.[1] »

La lumière ne peut venir que des ténèbres assumées. Nos journées elles-mêmes dépendent de la qualité de nos nuits, temps où chacun de nos organes se recharge et où nous allons puiser dans les profondeurs de l'inconscient des informations dont nos rêves sont lourds ; leur contenu tissera la lumière du jour suivant, la conscience.

« Dieu nous parle d'une manière ou d'une autre [...] par des songes, des visions nocturnes, quand un profond sommeil pèse sur les humains [...]. Alors, Il ouvre l'oreille de l'Homme[2]. »

Le temps du soir est celui du retournement vers la *Adamah*, mère des profondeurs, que nous avons déjà approchée avec la grenouille. Mais cette quatrième épreuve des Hébreux focalise l'expérience de ce peuple sur ce temps du soir et sur le mouvement de retournement intérieur auquel il convie. Le quatrième jour de la Genèse structure le temps de l'Homme. Le grand luminaire éclaire son parcours pendant le jour ; le petit luminaire, pendant la nuit. Or il est un autre personnage, qui porte le même nom que *Arob*, mais alors prononcé *Oreb*, et qui, dans un autre mythe biblique — celui de Noé —, joue le rôle de « petit luminaire » ; il s'agit du « corbeau ». Il n'est pas possible de séparer les différents éléments : l'obscurcissement, le soir, le petit luminaire du quatrième jour de la Genèse, le corbeau, sans compter le nombre « quatre », *Areba*, en hébreu, qui joue avec notre racine *Arob* ; leur totalité fait scintiller le secret de l'« insecte » et doit nous conduire vers son ouverture. Comme un jongleur je lance chacun d'eux pour qu'il nous dise son nom.

Le corbeau tout d'abord : il nous invite à aller le visiter dans l'arche de Noé.

Dans le mythe biblique[3], au temps de Noé, les hommes se multipliaient sur la terre et ne mettaient au monde qu'une humanité femelle, c'est-à-dire des êtres qui ne faisaient pas œuvre mâle en eux-mêmes (au sens intérieur du terme, que j'ai indiqué plus haut[4]) ; ces êtres qui ne « se souvenaient » pas de leur potentiel divin se trouvaient alors totalement identifiés avec lui — mais dans cette confusion, les énergies potentielles restent animales, psychiques et ne construisent rien de caractère divin ! L'humanité est aujourd'hui encore composée d'une grande part de ce type d'hommes ; les deux fils aînés du roi de notre conte précédent et l'« Égyptien » de ce présent récit en rendent compte de la même façon. Mais au temps de Noé, les hommes dans leur totalité semblaient n'être que cela. Parmi eux, Noé était un homme juste (semblable, lui, au troisième fils du roi) ; il ne faisait aucun mal alors que la violence partout sévissait. Dieu le visita et lui donna l'information qu'un déluge d'eau allait inonder la terre, épreuve qui allait mobiliser l'Esprit en l'Homme « car toute chair devait maintenant s'accomplir ». Noé reçut l'ordre de construire une arche et d'y entrer avec sa famille et les animaux. L'arche flotterait au-dessus du déluge et ceux qui l'habiteraient seraient sauvés.

L'entrée de Noé dans l'arche avec tous ceux qui l'accompagnaient ne fut pas autre chose que l'entrée de son être intégral (non dispersé à l'extérieur), dans la matrice de sa *Adamah*, dont le nombre quatre symbolise le temps d'épreuve et de structuration qu'elle exige.

On peut facilement comprendre que les eaux jouent sur deux plans : ou bien l'Homme, avec Noé, assume ses eaux intérieures, son inconscient, et, dans un travail de retournement, elles deviennent du sec, de la conscience. Ou bien, avec les hommes de violence, il n'assume pas son inconscient qui bientôt le submerge (la violence), et les eaux du déluge en sont l'objectivation extérieure. Car s'il ne voit pas l'horreur de sa violence, il est obligé de voir l'eau dans laquelle il se noie ! Cette objectivation a force de loi : nous avons vu les grenouilles non épousées envahir l'Égypte comme un déluge. Le déluge de l'« insecte », en cette quatrième plaie, est celui dont le corbeau va nous donner la clef. Car une fois arrivé dans l'arche, dans les profondeurs de lui-même, Noé commença le travail de retournement. Les « eaux » intérieures de Noé devinrent du « sec » ; l'inconscient, du conscient ; ses « démons », de la lumière. L'histoire nous en donne la description avec une discrétion admirable : sous le prétexte de prendre la température extérieure et de savoir où en était la crue des eaux, Noé envoya par la fenêtre de l'arche le corbeau qui sortit, alla et revint jusqu'à ce que tout fût sec. Puis il lâcha la colombe qui fit de même, jusqu'à ce qu'elle revînt un

« soir » avec un rameau d'olivier dans le bec — signe du sec qui avait dû apparaître — et puis une autre fois elle ne revint plus.

Le corbeau et la colombe sont tous deux symboles de l'Esprit de Dieu ; le corbeau, en ce que l'Esprit conduit l'Homme dans ses ténèbres — il est le « petit luminaire » qui éclaire la nuit —, la colombe, en ce que l'Esprit arrache l'Homme à ses ténèbres et le conduit dans la lumière — elle est le « grand luminaire » qui éclaire le jour. Cette alternance du vol des oiseaux nous signifie le mariage de la lumière et des ténèbres en Noé. Le « soir » où la « colombe » revint avec le rameau d'olivier, symbole de paix et d'accomplissement, est la partie du texte qui nous fait entrer dans le secret des noces totalement célébrées de la lumière et des ténèbres, de la colombe et du « soir-corbeau ». Nous devinons alors qu'en Noé bientôt tout sera accompli. C'est pourquoi les Pères des premiers siècles chrétiens voient en lui les prémices du Messie, de Celui qui, sur la croix, dira « tout est accompli », et ce sera la Résurrection. Lorsque Noé sortit de l'arche, il était devenu fruit de l'Arbre de la Connaissance, ivre de ce fruit lourd de l'Esprit saint de Dieu.

Dans cet éclairage, nous pouvons commencer de discerner qui est *Arob*, cet insecte qui se répand sur la terre d'Égypte : Il est l'Esprit de Dieu qui souffle pour inviter l'Homme à assumer un « soir », la fin d'un jour, afin qu'une nuit de ténèbres féconde un jour nouveau. L'Homme qui refuse le soir refuse aussi le jour nouveau qui en est le fruit. Refusant le soir et s'opposant à l'Esprit de Dieu, il s'oppose à son propre Esprit. *Arob*, qui symbolise l'Esprit de Dieu, désorganise celui qui n'entre pas dans son souffle et qui ne subsiste pas devant Lui, l'esprit de l'« Égyptien », mais il structure l'esprit de l'« Hébreu » en terre de Goshen où l'« Hébreu » dresse sa demeure.

Il n'était pas question de cette terre pendant les trois premières épreuves ; on avait l'impression qu'Hébreux et Égyptiens étaient mêlés. Et voici que le texte nous laisse pressentir qu'un processus de différenciation s'amorce : les Égyptiens sont d'un côté, les Hébreux d'un autre, et ceux-ci dans une terre que l'on peut considérer comme le symbole d'une terre intérieure en voie de formation en eux. Ce regard nous est d'autant plus permis que cette terre est appelée Goshen ; le mot hébreu se profile comme un jardin — *Gan* — au bout duquel est la lettre *Shin* qui symbolise le noyau divin des profondeurs, la « pierre » fondatrice. YHWH, le *Shem*, le NOM. Cette terre n'est d'ailleurs pas celle où « habitent » les Hébreux, mais celle sur laquelle « ils dressent leur demeure » : non seulement un processus de différenciation se fait, mais aussi celui d'une verticalisation à partir d'un ancrage dans le NOM. Visité par l'Esprit de Dieu qui mobilise son propre esprit dans le souffle d'une transmutation essentielle, le peuple hébreu devient le creuset du « Grand Œuvre » — j'emploie ce terme alchi mique qui exprime si bien la grandiose aventure de ce travail intérieur !

Le peuple égyptien, lui, est envahi par l'Esprit de Dieu que son esprit rejetant ne peut supporter.

L'Esprit de Dieu dont nous refusons l'opération en nous aujourd'hui envahit nos maisons. Face à Lui, l'esprit de l'Homme se désorganise il crée des maladies et je crois d'une façon plus particulière les maladies psychiques ; je devrais les appeler « maladies noétiques » (de *nous*, l'« esprit » en grec) car la psyché ne se désintègre que par irréductibilité à l'Esprit alors qu'elle a pour vocation d'être épousée de lui ! Mais lui, coupé de ses archétypes fondateurs, rendu inopérant hors du souffle divin, est alors absorbé dans un psychisme destructeur. Au lieu d'aller vers l'extase de sa réalisation par un « mariage » avec la mère des profondeurs, l'Homme recherche inconsciemment une sorte de béatitude fusionnelle avec elle dans une régression quasi fœtale et mortelle. L'angoisse de vivre est à son comble. Et nos hôpitaux psychiatriques, comme je l'ai dit plus haut, incapables de diagnostiquer l'« insecte », faute d'ouverture à la dimension de l'Esprit, cachent leur ignorance derrière une chimiothérapie qui feutre les effets malfaisants de l'esprit de l'Homme désorganisé devant l'Esprit de Dieu qu'il refuse.

D'une façon plus générale, chacun mâchonne comme un chewing-gum ses soucis, ses problèmes, ses peurs, ses ténèbres qu'il épaissit et auxquelles il donne une telle consistance qu'il les actualise et que lui-même s'en nourrissant se détruit. Cet homme se situe aux antipodes de celui qui a fait ancrage en YHWH, « JE SUIS », qui donne poids à la force de l'Esprit de Dieu en lui et qui s'en nourrit dans tous les instants du temps.

Sur le plan collectif, aujourd'hui même, *Ereḇ*, le « soir » de ce que sera le jour nouveau qu'il nous est demandé de tisser dans notre intériorité, est là. Il est là dans la présence de ce que l'Occidental inconscient ressent comme une plaie, alors qu'il n'est que le face-à-face de ce « soir » qu'il refuse, de cet Esprit de Dieu qu'il nie et qui cependant le sollicite à chaque pas.

Je veux parler du monde arabe, *Ereḇ*, le même nom ! Le nom des Hébreux, fils de *Eber*, est lui aussi fait des mêmes lettres, donc des mêmes énergies qui sont une puissance-verbe nous interpellant avec une intensité à laquelle nous ne pouvons plus rester sourds. *Ereb̲* et *Eber* sont en face à face.

La situation enférique, densifiée au Moyen-Orient, est celle que nous portons tous en nous et que nous ne pouvons plus éluder. Historiquement il y a eu la « guerre des Six Jours », mais symboliquement, nous avons maintenant à passer au « sept » ! Et la « guerre du Golfe » (du grec *kolpos* qui veut dire le « sein », le « repli intérieur ») a été celle de l'affrontement de deux frères ennemis dans un sein maternel. Car au-delà de l'intervention des nations, il s'agissait, en profondeur, du face-à-face Babylone-Jérusalem.

Tout être humain est convoqué à ce même rendez-vous.

De Babylone à Jérusalem, s'inscrit l'Histoire de l'humanité, du babillage au Verbe.

Hors de cette dynamique, nous ne pouvons quitter Babel (même mot que Babylone).

Dans cette dynamique, nous postulons la dimension de Verbe dont la force nous permet d'actualiser notre potentiel divin. Le monde judéo-chrétien ne peut passer au septième mois de son accomplissement sans « épouser » le frère arabe.

Dans un premier temps, cette « entente » a été réclamée par une délégation de femmes juives et palestiniennes, venues au Conseil de l'Europe, à Bruxelles, pendant cette dernière guerre ; ces femmes étaient prêtes à la construire. Personne, à ma connaissance, n'en a parlé.

La politique est encore œuvre masculine, malgré quelques apparences...

Mais c'est la femme qui porte l'enfant biologique, et c'est elle, l'initiée au mystère de la vie, qui invitera l'homme à l'urgente nécessité de son enfantement intérieur.

Car l'urgence est là, un choix s'impose : le processus de différenciation est maintenant mis en œuvre ; il consiste en ce que nous avons à nous situer en tant qu'Hébreux spirituels et à devoir épouser notre *Adamah* intérieure et donc accueillir l'Esprit de Dieu, et l'Arabe qui en est l'expression à l'extérieur. Si nous refusons cette descente dans le « soir » de nos profondeurs, les conséquences de ce choix ne se feront pas attendre.

Ce sera le refus de l'Esprit de Dieu, et la violence d'un déluge qui se prépare s'effectuera.

La qualité d'amour que demande cet accueil n'a rien à voir avec celle à laquelle nous réduisons l'amour dans les catégories du labyrinthe. Elle est celle dont j'ai parlé plus haut, que connaît l'Homme dont le cœur s'est ouvert dans les trois premières épreuves. Celui-là n'est pas un naïf, mais un opératif, à un niveau opérationnel inconnu pour les autres qui l'appelleront celui du miracle. Il faudra pourtant bien arriver un jour à ce que, sorti de la « normose », nous émergions à ce champ de conscience où les lois sont différentes... où tout est possible...

L'« Hébreu » peut reconnaître et accueillir le corbeau ; il prend avec l'Esprit saint le chemin de ses profondeurs ; il va à la rencontre de ses ténèbres et des démons qu'il devra « épouser », pénétrer, pour que dans cette mort se fasse le retournement et que jaillisse la lumière.

L'« Égyptien » est confondu avec ses ténèbres ; ses démons le possèdent, le meurtrissent mais il ne les voit pas et projette sur l'autre qu'il accuse, à l'extérieur de lui, la source de ses souffrances.

Depuis son baptême d'eau et sa rencontre avec le Satan, le Christ parcourt l'Égypte intérieure du «Fils de l'Homme». Il rencontre tous les démons et les chasse en même temps qu'il enrichit l'Homme de la lumière de leur retournement.

«De quoi te mêles-tu, Jésus de Nazareth?» s'écria l'un d'eux qui possédait un homme, «Es-tu venu pour nous perdre? Je sais qui tu es, le Saint de Dieu.»
Mais Jésus le gourmanda :
«Tais-toi, dit-il, et sors de cet homme.»
Alors le démon l'agita convulsivement et il sortit en hurlant.
[...] Jésus s'en fut prêcher dans les synagogues de toute la Galilée et chasser les démons[5].

La connaissance-amour est l'envers des ténèbres.

NOTES

1. Genèse I, 5...
2. Job XXXIII, 15.
3. Genèse VI, 1.
4. *Cf. : supra*, p. 11.
5. Marc I, 23-39.

8

« La cinquième plaie : la peste »

Exode IX, 1-7

« YHWH dit à Moïse : Va chez Pharaon et dis-lui : Ainsi parle YHWH, Dieu des Hébreux : Renvoie mon peuple et il me servira. Car si tu te refuses à le renvoyer et si tu persistes à le retenir, voici, la main de YHWH est sur ton bétail qui est dans le champ, sur les chevaux et sur les ânes, sur les chameaux et sur le gros et le menu bétail : *une peste très grave*. Mais YHWH distinguera entre le bétail d'Israël et celui de l'Égypte, et tout ce qui est au niveau d'Israël-*Verbe* ne mourra pas (de peste). Et YHWH plaça le temps en disant : demain YHWH fera *cette* {*chose* / *parole-là*} sur la terre. Et YHWH exécuta cette {*chose* / *parole-là*} dès le lendemain et tout le bétail de l'Égypte mourut et du bétail des fils d'Israël il n'en mourut pas un...

Mais le cœur de Pharaon s'appesantit et il ne renvoya pas le peuple. »

Au cœur de ces dix plaies, voici la cinquième épreuve énoncée par YHWH. Comme pour la quatrième, YHWH ne passe plus par l'intermédiaire d'Aaron — ni de sa verge, ni de son verbe —, mais il ordonne directement à Moïse de parler lui-même à Pharaon. Comme si en ces quatrième et cinquième plaies la parole était redonnée à Moïse l'« incirconcis du Verbe » : le processus de guérison qui s'amorçait au cours de la quatrième plaie se confirme en cette nouvelle étape.

Centrale par le nombre, la cinquième contraction de la matrice Égypte pour que naisse l'enfant-Israël est annonciatrice d'une œuvre divino-humaine non moins centrale. Elle est dominée par un souffle nouveau, celui de la lettre *Hé* du divin Tétragramme *Yod-Hé-Waw-Hé*, la lettre *Hé* ayant pour valeur le nombre cinq. Il semble qu'avec cette énergie nous entrions dans le travail qui va maintenant forger les Hébreux au cœur d'eux-mêmes, dans le NOM en lequel ils viennent de faire ancrage, mais qui ne s'est révélé à eux, au buisson ardent, que dans sa forme inaccomplie : « Je serai qui je serai. »

L'accomplissement, dont les quatre premières plaies ont posé les structures, commence maintenant de jouer sur la lettre *Hé* ; elle va transformer ces « hommes-briques » en « hommes-pierres » à l'âme vivante, comme au cinquième jour de la Genèse où Dieu crée les premières âmes vivantes, celles des poissons et des oiseaux. Dans l'archétype du Verbe-Épée,

Yod — 10
הוה — Hé — Waw — Hé — 5 — 6 — 5

Le *Waw* vient de s'enraciner dans le *Yod*. La conjonction de coordination *Waw*, de valeur 6 qui ne vivait, dans la banalisation de la terre d'esclavage, qu'en termes de répétitions : et, et, et... va jouer désormais en termes d'union, de mariage entre les deux *Hé* du Tétragramme YHWH. C'est dire la puissance-vie toute nouvelle qui surgit en cette épreuve et qui se manifeste dans la guérison de Moïse.

Les cinquième et septième plaies, construites comme les deux *Hé* du Tétragramme, vont s'organiser en regard l'une de l'autre autour de la sixième plaie qui correspond, de son côté, à la lettre *Waw* du Tétragramme.

Les huitième et neuvième plaies nous conduiront alors dans les dernières mutations, proches de la Pâque que révélera la dixième plaie.

Dès les premiers mots de l'énoncé de cette cinquième épreuve, YHWH affirme son NOM, Sa présence, l'Instant qu'Il est dans le temps des hommes, l'éternité qui s'emprisonne dans leur espace : « Voici, la MAIN de YHWH EST sur ton bétail... »

— La MAIN, *Yad* en hébreu, est aussi la lettre *Yod* qui contient la totalité du saint NOM.

— YHWH est le saint NOM : « JE SUIS ».

— EST, HWYH, est le présent du verbe être, jamais employé — car il est le saint NOM, si ce n'est en ce passage de la Bible énonçant la cinquième plaie.

Comment nier que l'Épée opère maintenant en direct, sans intermédiaire, sans les transmetteurs d'énergie qu'étaient la verge et le verbe d'Aaron ?

L'Épée est là, dans son absolue rigueur et son infinie tendresse, l'Épée à deux tranchants placée à l'orient d'Eden[1], parce que Israël est maintenant en marche vers son orient.

Lorsque la Tradition parle du « jugement de Dieu », elle

n'en fait aucunement un concept juridique, à l'image de nos malheureux jugements humains ; elle ne parle que de l'Épée. Je rappelais plus haut la parole du Christ :

> « Je ne suis pas venu apporter la Paix, mais l'Épée[2]. »

Celle qui accomplit le NOM en l'Homme intérieur mais qui se retourne contre l'Homme resté inconscient, afin qu'il entre dans la révélation du saint NOM. C'est Elle cette Épée que déjà chantait le psalmiste lorsqu'il mettait la louange sur les lèvres des saints et

> « dans leurs mains l'Épée à deux tranchants [...] pour châtier les peuples, jeter leurs rois dans les chaînes [...] pour exécuter contre eux le jugement écrit, telle est la gloire de tous les saints[3] » !

C'est à Elle que chacun se mesure, et celui qui n'est pas dans le souffle d'Eden, dans le fil de l'Épée, celui-là souffre, voire périt par l'Épée.

En cette cinquième plaie l'Épée est là ; Elle construit l'Hébreu dans ses animaux intérieurs, ses « âmes vivantes » du cinquième jour ; à l'extérieur elle tue les animaux des Égyptiens, objectivation là encore des « vivants » intérieurs (même mot hébreu que celui des « animaux ») qui, non dominés, font de l'homme inconscient leur jouet ; le texte les nomme, ils sont :

— le cheval, symbole de la libido ;

— l'âne, celui de la qualité d'écoute et d'obéissance ; en voie de conséquence celui de la servitude ou de la libération ;

— le chameau, celui de la marche dans le désert et du passage des portes... ;

— le gros bétail est lié à la triade « jouissance-possession-puissance » ;

— le menu bétail est la « poussière » des dons intérieurs qui en eux-mêmes ont puissance de verticalisation, mais qui, non travaillés, font la nourriture du serpent de la Genèse, etc.

Chez les Hébreux, ces animaux sont sacrifiés sur les autels intérieurs. Je veux dire que l'Homme qui travaille sur lui-même dans l'énergie de sa libido, par exemple, meurt en tant que « cheval » pour ressusciter dans une autre dimension de ce que cet animal symbolise. Lorsqu'il s'agit de l'énergie « possession », il meurt en tant que « taureau » pour ressusciter autre, etc.

C'est ainsi que l'« Hébreu » construit ses animaux intérieurs et, avec eux, les deux *Hé* du Verbe-Épée הוה .

La plaie qui ravage l'Égypte en décimant son cheptel est le mot *Deḇer*, la « peste » qui, prononcé *Daḇar*, est le « Verbe » ! La peste détruit le bétail de l'« Égyptien » ; le Verbe construit l'« Hébreu » dans ses énergies intérieures qui font de l'âme psychique animale de chacun son âme spirituelle !

Non seulement la triple présence du NOM-Verbe ouvre le discours divin adressé ici à Moïse, mais la qualité même de la plaie qu'il annonce est œuvre du Verbe qui se fait Épée de mort pour l'« Égyptien », de vie pour l'« Hébreu ».

L'Épée plonge en plein cœur et d'une façon directe, cette fois ; Elle donne à l'événement présent une lourde gravité. C'est pourquoi YHWH dit :

« *Deḇer Kaḇed Meod* » : « Ce sera une peste très grave. »

Ce qui pour l'« Hébreu » doit être entendu :

« *Dabar Kabed Meod* » : « Parole très grave. »

Cette gravité, *Kabed*, étant aussi la « Gloire divine ».
Car la distinction s'accentue encore entre l'Égypte dont les animaux vont mourir de la peste, et Israël auquel est apposé le nom du Verbe, *Dabar*, parce qu'il a fait le sacrifice des animaux de ses terres profondes :

« Mais rien ne périra de tout ce qui appartient aux fils d'Israël-Verbe ! »

La peste ou le Verbe, là, est la réalité fulgurante de cette cinquième plaie, l'Épée à deux tranchants !
Mais il y a plus encore :
« Demain, ajoute le texte, YHWH fera cette chose » et cette « chose » est aussi cette « parole », *Dabar*, car toute « chose » est œuvre du « Verbe » : elle est si intimement unie au Verbe qui la fonde qu'elle en porte le nom : *Dabar*. Entre le Verbe et elle s'inscrit la respiration de l'Incréé au créé, de Dieu à l'Homme et de l'Homme à Dieu dans l'expir-inspir d'un incessant va-et-vient du ciel à la terre et de la terre au ciel.
J'ai déjà parlé, au début de ce livre[4], de cette respiration frémissante de la Présence de « JE SUIS » qui embrasse toute chose créée, visible ou invisible pour nous, audible ou inaudible, selon les différentes longueurs d'onde de leur être, mais qui nous rend attentifs à sentir, entendre et voir le rire du moindre brin d'herbe derrière sa silencieuse façade. Tout vibre et tout chante, en ce cosmos, une hymne étrange qui tisse l'harmonie de l'univers. La disharmonie vient de ce que l'Homme n'entre plus dans ce chant, il

déchire l'univers et « chosifie » tout dans un réductionnisme meurtrier.

Lorsque chaque élément du monde est relié au Verbe qui le crée, il est vécu en tant que « symbole », étymologiquement : « ce qui est lancé ensemble », et donc relié. Le « diable » sépare, squelettise chaque chose d'où la sève se retire ; il conduit à la mort. Il est cette peste.

En toute chose-*Dab̲ar* est le Verbe-*Dab̲ar* qui, non reconnu, fait de cette chose la peste-*Deb̲er*.

Il est aussi important de noter que lorsque YHWH « fait » cette chose, le verbe « faire » est construit des quatre mêmes lettres que le verbe « sauver », et que le nom de Jésus, le Sauveur ! Le « faire » divin, en cette cinquième plaie, est celui du salut, dans le sens de l'accomplissement. Et Jésus, le Sauveur, apparaît en filigrane ; Il est le Verbe.

Dans cette perspective, la peste elle-même concourra au salut, l'Épée n'œuvre que pour l'accomplissement du créé et pour la gloire de Dieu. Mais que de souffrances pourraient être évitées si l'Homme devenait « Hébreu » !...

Car l'Homme d'aujourd'hui chosifie tout, et pour commencer l'Homme lui-même : le regard que porte chacun sur lui-même et sur l'autre est un regard qui n'a plus d'âme. L'Homme n'est que « brique », il n'a de valeur que marchande. Malade, il est un objet réduit au membre atteint ou à l'organe, il est un rein, un foie, un fémur ou un estomac, et ces éléments eux-mêmes ne sont que mécanismes dysfonctionnant. Dans ce regard, le mécanisme refonctionnera sans doute, mais le médecin, s'il est inconscient, n'en crée pas moins la peste.

La terre et le cosmos entier, radicalement asservis, épuisés, chimiquement reconstitués mais détruits dans leur « âme vivante », deviennent stériles.

Et l'Homme qui se regarde lui-même comme un système devant fonctionner pour son plus grand plaisir, voire pour le plaisir d'un autre ou même « pour la gloire de Dieu » dans des séries de bonnes œuvres ou d'ascèses desséchées par le devoir, crée la peste. Ce Dieu-là, Lui-même objectivé, est mortifère.

C'est le monde du labyrinthe, celui de l'Arbre qui a coupé le contact avec sa semence. L'Homme désinformé projette alors sur tous les éléments qui l'entourent sa propre in-signifiance, dans le sens étymologique de ce terme ; car, à ses yeux, il a compensé ce vide par une enflure du moi qui fera l'objet d'une autre plaie, mais, en voie de conséquence, par une négation de l'autre, de tout autre, et « du » tout autre dont il n'a pas la preuve immédiate.

Toute chose est réduite à sa stricte apparence derrière laquelle rien ne clignote d'une autre lumière, rien ne chuchote d'un autre dire, aucun parfum ne se dégage, aucun pas de danse ne s'esquisse qui voudrait aller enlacer le Verbe et le rendre palpable en elle ! Aucun cœur ne bat. Tout est de glace, y compris ce Dieu mort que chantent encore en Occident, dans les temples vides de tant de paroisses, quelques êtres qui pour lui rester fidèles s'infantilisent et se trahissent.

Ils ne sont plus nourris que de rites dépourvus de sens, d'où tout symbole a été évacué, parce que ressenti insignifiant, voire inutile. Le regard de leurs pasteurs jeté sur les textes sacrés n'interrogent que des ossements secs soumis à la critique historique, dont on tente de rassembler ce qu'une analyse formelle offre de rassemblable pour constituer un semblant de corps inerte, et dont on rejette ce qui, à cette même lumière, a été jugé hors gabarit. Dans le meilleur des cas, ces pasteurs posent avec un enthousiasme réactionnel la grille psychanalytique sur les textes sacrés ; les symboles se redressent, la vie reprend ; tout est symbole ; mort et résurrection s'inscrivent dans un mythe antique dont ils deviennent les prêtres-thérapeutes. Le surmoi religieux, dans l'un et l'autre cas, s'est conforté dans une identification au monde universitaire, totalement réducteur en matière d'expérience intérieure illuminative, totalement négateur d'une qualité d'espace et de temps autre que celle sur laquelle il a prise. Les mondes angéliques, créatures invisibles pour qui n'a pas encore atteint à leurs espaces, mais expérimentables par ceux qui respirent dans le JE SUIS de leur être, sont évacués. Les rejeter, c'est aussi rejeter l'archétype vivant de l'« échelle de Jacob[5] » le long de laquelle les anges montent et descendent, reliant toute chose au Verbe, informant cette chose, et la reconduisant au Verbe : si une rose est une rose, elle le doit à l'énergie du Verbe incréé dont elle procède, qui lui confère toutes ses vertus et qui lui demande de devenir la totalité de son être, non seulement dans le processus de son histoire temporelle, mais aussi dans celui dont l'Homme est détenteur et qui sera, avec la transfiguration de celui-ci, sa propre transfiguration déjà présente en elle.

A la vérité, si notre relation à la terre, aux plantes, aux animaux, à tous les éléments du cosmos n'est pas consciente de cette dimension, si nous n'écoutons chanter en chacun d'eux l'ange qui le porte et qui résonne dans un cœur à cœur avec notre cosmos intime, nous créons la peste.

Aucune écologie ne retrouvera à elle seule une efficacité si nous ne sentons à nouveau palpiter le Verbe derrière toute chose, danser la vie dans toute métamorphose, et si nous ne nous relions nous-mêmes au son fondamental et créateur YHWH, notre source et notre devenir!

Ce souffle qui unit dans une incessante respiration l'Incréé et le créé, et qui a été si étouffé en Occident, est celui de l'Esprit saint, Donateur de Vie, Enseigneur des Mystères, Accoucheur de tout être à lui-même, que le schisme chrétien d'Occident a relégué dans un musée trinitaire fermé sur lui-même; il n'ouvre que le dimanche pour raconter une histoire du passé et distribuer une pieuse et poussiéreuse morale.

L'Occident est exsangue du sang divin, de l'effusion de l'Esprit saint. Le corbeau et la colombe sont emprisonnés. Les « âmes vivantes » du cinquième jour de la Genèse — oiseaux dans le ciel, poisson dans la mer — disparaissent.

La « peste » règne sous forme des multiples compensations que l'Homme prend pour avoir l'illusion de vivre :

C'est la sexualité effrénée du cheval,
les fausses libertés de l'âne sauvage,
et les mille évasions dont nous aurons encore à parler.

L'« Hébreu » commence à prendre de la hauteur; il se verticalise et s'ouvre à sa résonance au Verbe. L'« Égyptien » rampe dans son inconscience et ne tient pour réelles que les choses perçues et telles qu'il les perçoit. En vérité, il est aveugle, sourd...

> « Mais Jésus prit *la main* de l'aveugle et le conduisit hors du bourg; Il lui mit de la salive sur les yeux, lui imposa les mains et l'interrogea : "Vois-tu quelque chose?" L'aveugle regarda et dit : "Je vois des hommes comme

des arbres qui marchent." Jésus lui plaça de nouveau les mains sur les yeux, et l'homme vit[6]. »

Lorsque Jésus prend « la main » de l'aveugle, déjà Il guérit les yeux, car les mains et les yeux sont homologues dans leur obéissance à l'archétype du corps humain, le Verbe-Épée הוה dont ils sont respectivement un aspect des deux *Hé*, des deux « souffles ». Les mains voient et les yeux ont un indéniable toucher...

Le symbolisme du nombre cinq attaché à cette cinquième épreuve concerne directement ces deux parties du corps qui sont appelées à la vision et au toucher divins lorsque ne palpiteront plus en interférences nos sensations psychiques si aliénantes !

L'aveugle de l'Évangile est frère de cet homme que Jésus guérit aussi de la mort de sa « main » *Yad*, qui symbolise celle de son *Yod*, la mort de son NOM !

« Jésus dit à cet homme qui avait la main sèche : Lève-toi là, au milieu... étends la main. L'homme étendit sa main et elle fut guérie[7]. »

L'Homme est alors dans son « milieu », dans l'axe de son NOM, sur le chemin du Verbe !

NOTES

1. Genèse III, 24.
2. Matthieu X, 34 déjà cité p. 51.
3. Ps. 149, 6-9.
4. *Cf. : supra*, p. 21-22.
5. Genèse XXVIII, 10-22.
6. Marc VIII, 22-25.
7. Marc III, 3-5.

9

« La sixième plaie : la lèpre »

Exode IX, 8-12

« YHWH dit à Moïse et à Aaron : Prenez pour vous plein vos deux mains de la suie de la fournaise et que Moïse le céleste la jette aux yeux de Pharaon ; elle deviendra une poussière sur toute la terre d'Égypte et elle deviendra sur l'Adam et sur le bétail *une lèpre* faisant éruption en abcès sur toute la terre d'Égypte.

Ils prirent la suie de la fournaise et ils se dressèrent devant Pharaon et Moïse le céleste la lança et elle devint *une lèpre* pustuleuse faisant éruption sur l'Adam et sur le bétail. Les magiciens ne purent se présenter devant Moïse à cause de *la lèpre* car *la lèpre* était sur les magiciens et sur toute l'Égypte.

Et YHWH endurcit le cœur de Pharaon et Pharaon ne les écouta point comme l'avait dit YHWH à Moïse. »

Avec cette sixième plaie s'ouvre le sixième mois de gestation de l'enfant Israël dans la matrice Égypte, mois capital pour toute maternité. En lui, dans la vie intra-utérine, l'enfant est anatomiquement et physiologiquement achevé, nous l'avons vu ; il est viable, mais ce qui a été amorcé au cinquième mois est loin d'avoir atteint à la maturité nécessaire à la naissance. Je veux parler du saint NOM, de la présence de YHWH, « JE SUIS », qui fait de l'enfant un enfant d'Homme, « image de Dieu » dans le NOM secret qui lui est propre. Au sixième mois l'enfant est « animalement » constitué, mais il lui faudra rester encore trois mois dans la matrice pour être construit capable d'atteindre, durant sa vie, à un dépassement d'être animal dans une dimension d'Homme, puis dans une autre étape encore, dans une dimension divine en laquelle il deviendra son NOM, « à la ressemblance de Dieu ».

C'est dans cette qualité d'écoute qu'il faut entendre l'auteur de la Genèse nous annoncer la création d'Adam au sixième jour (« Le » sixième, alors que les autres jours ne sont que « troisième, quatrième », etc.), le même jour voyant apparaître aussi les animaux de terre dans un premier temps, mais dans un deuxième temps cet Adam créé, lui, « à l'image de Dieu ».

Autour du nombre six s'enroule une évolution toute nouvelle dans la vie des hommes.

Il correspond à la lettre hébraïque *Waw* dont le hiéroglyphe originel est le dessin d'un crochet ; il fait l'objet de la conjonction de coordination « et ». Mais le *Waw* — et donc le nombre six — compose essentiellement le divin Tétragramme *Yod-Hé-Waw-Hé* dont la lettre Hé de valeur 5 a retenu toute notre attention au cours de la cinquième plaie d'Égypte au chapitre précédent. A ce moment-là nous sommes véritablement entrés dans le premier souffle — le premier *Hé* — du Verbe, le Verbe faisant l'objet de cette épreuve. Dans cette sixième plaie, le *Waw* joue plus loin encore pour la construction du NOM comme dans le sixième mois de toute gestation. Il joue ici, du côté des Hébreux, en termes de fécondité. Il commence par unir les deux frères Moïse « et » Aaron que YHWH rassemble en s'adressant directement à eux deux pour la première fois. Au cours des quatre premières épreuves, YHWH s'est adressé à Moïse seul, le priant de parler à Aaron de sa part. La cinquième épreuve a vu le discours de YHWH adressé à Moïse seul, comme si Aaron en était exclu, ou plutôt comme si, en cette épreuve du Verbe, Moïse avait reconquis l'intégrité de la Parole ; Aaron, souvenons-nous, était l'organe du Verbe, et Moïse, le prophète. Mais avec la puissance du *Waw* fécondant, l'union des deux frères est scellée, symbole de la croissance du Verbe en Israël. Le *Waw* est devenu fécond parce qu'il a connu l'ancrage dans le *Yod* de יהוה . Et c'est en effet à la dixième plaie — celle qui correspond à la lettre *Yod* — que nous retrouverons les deux frères unis pour la seconde fois dans le dire divin.

La lettre *Waw* va donc être la clef capable d'ouvrir au sens profond de cette sixième plaie. Et nous nous souvenons que si elle ne permet pas l'union des deux *Hé* — des deux 5 — pour construire le *Yod*, le 10, du divin Tétragramme, elle joue en répétition banale, mais plus encore, en élément réductionniste de son pouvoir, qui, n'étant plus celui du mariage auquel préside l'amour, sera celui d'un feu destructeur.

Car le mariage est un feu et la lettre *Waw* ne peut que nous introduire dans la matrice de feu. Il s'agit du feu des enfers de tout homme qui se construit dans le NOM —

c'est le « baptême de feu » dont parle Jean-Baptiste[1]. Mais ce même feu détruit alors celui qui ne se construit pas, en se retournant contre lui.

La sixième plaie nous conduit au cœur de cette épreuve, dans la matrice secrète du mariage intérieur. Moïse y est appelé « céleste » car, relié au *Yod*, il est relié à lui-même et vit ses épousailles avec ses cieux intérieurs.

YHWH demande à Moïse et Aaron de jeter aux yeux de Pharaon de pleines poignées de suie de la fournaise. La suie est ce qui n'a pas fait l'objet de la combustion, ou qui l'a mal fait.

La combustion dans le Grand Œuvre du mariage intérieur est en effet ce qui réduit l'homme en poussière — poussière et cendre ; elle anéantit la construction d'un premier « moi » nécessaire mais narcissique pour qu'il se reconstruise dans la lumière de sa personne profonde que seule la puissance de l'amour peut faire émerger.

Cette « poussière » est de même racine hébraïque que celle du verbe « lutter » qui est employé dans le récit biblique de la « lutte » de Jacob avec l'Ange[2]. Jacob, troisième patriarche d'Israël, père des douze tribus et donc ancêtre de ce peuple hébreu maintenant esclave en Égypte, est celui qui, devant son frère Esaü qui arrivait vers lui pour le tuer, a peur. Le rapport de forces, dans une lutte fratricide, est la seule issue à cette situation, selon les critères posés par l'Homme qui ne connaît pas sa personne profonde. Jacob l'ignorant encore va user de ce jeu en faisant présenter des cadeaux à Esaü, mais celui-ci les refuse tous ; or il vient vers Jacob avec une troupe immense, de nombreux animaux, et une volonté ferme de tuer son frère. Les forces sont inégales. Jacob reste seul avec sa peur. La nuit tombe. Un homme se présente alors à lui, dont la Tradition orale fait un ange. Homme ou ange, il est un aspect de YHWH, son dieu des profondeurs, le noyau même de son être vers lequel la peur l'a précipité. Toute la nuit, il « lutte » avec lui pour atteindre à sa force, entrer dans sa dimension. A l'aube, il y sera entré ; la lutte l'aura « réduit en poussière », et reconstruit dans un « moi » de dimension tout autre, proche de son NOM. C'est pourquoi l'Ange le nomme d'un nom nouveau, Israël. Lorsqu'au matin, son frère Esaü arrive, il se précipite vers Israël et l'embrasse. Cette nuit a été celle des épousailles intérieures de Jacob. Et lorsqu'un homme a transformé son être intérieur, il transforme aussi l'événement extérieur, tous deux étant les deux pôles d'une même réalité. C'est le feu d'un nouvel amour qui brûle le « vieil homme » et construit l'homme nouveau. C'est aussi le feu de l'Esprit saint de Dieu, car le mariage de l'homme avec lui-même donne ouverture au mariage de l'homme avec Dieu[3].

Les enfants d'Israël, en cette sixième plaie, sont saisis dans le même souffle que celui de leur ancêtre. Leur « épée » intérieure, le NOM, se construit, mais elle va exterminer ceux que symbolisent les Égyptiens qui eux ne vivent pas le *Waw* du mariage !

La poussière de suie jetée aux yeux de Pharaon est alors l'illusion de puissance du « moi » qui refuse de mourir dans la matrice feu, d'y être « réduit en poussières » pour renaître dans une plus grande dimension d'être. Au lieu de croître, l'énergie du moi se rabat dans les catégories animales où elle prend une démesure.

La lèpre qui se répand sur les hommes et sur le bétail, qui fait éruption en « pustules » ou en « boursouflures », est une enflure du moi narcissique allant jusqu'à la paranoïa la plus tragique. Quatre fois dans le texte revient le nom de cette maladie, la lèpre, *Sheḥyne* en hébreu. Le quatre indique bien un enfermement dans une matrice, mais qui ici devient tombeau.

Sheḥyne, dans l'énergie des lettres qui composent ce mot, va nous apporter la confirmation de ce qui vient d'être dit :

— Il exprime, dans la racine *Shaḥo* qui le compose, une idée d'« affaissement », celui d'un feu qui n'a pu monter à la verticale dans une flamme purificatrice et qui, rabattu à l'horizontale, produit des boursouflures. (Les maladies de peau sont d'ailleurs, en médecine énergétique, celles d'un feu qui ne s'accomplit pas.)

— Prononcé *Shaḥats* (la lettre *Tsadé* étant faite des deux dernières lettres du mot *Sheḥyne*), il est l'« orgueil », voire la « cruauté ».

— Lu dans un retournement qui révèle sa face cachée, il est le nom du « serpent » de la Genèse, Naḥash, et d'un serpent qui a volé la lettre *Yod*, indiquant qu'il a pris la place de YHWH, ce qui est l'histoire même du récit biblique. Donnant à l'Adam ce *Yod*, fruit de l'Arbre de la Connaissance, le serpent a donné à l'Homme l'illusion d'être devenu ce fruit, l'illusion d'être dieu.

Les maladies d'orgueil, de vanité, d'enflure du moi, parmi bien d'autres, trouvent là leur origine ; elles sont exprimées par la lèpre. Lèpre d'une personne ; celle d'une maison ; celle d'un territoire...

Parmi les héros bibliques, Job, dont j'ai déjà eu l'occasion de parler, est certainement celui qui illustre avec le plus d'éclat cette maladie. Lorsque plaidant sa cause parce qu'il se croit atteint injustement, il évoque sa vie d'autrefois[4], il fait preuve d'une inconscience infantile en décrivant avec une extrême fatuité l'admiration, voire la vénération dont il était l'objet. Si YHWH donne au Satan le pouvoir de le frapper « d'une lèpre maligne depuis la plante des pieds jusqu'au sommet de la tête[5] », c'est que Job est par ailleurs un homme qui cherche Dieu et qui n'use de sa grandeur et de ses richesses que pour faire le bien. Bien qu'il aille jusqu'à s'enorgueillir même du bien qu'il fait, il mérite d'aller plus loin en lui-même, de sortir de son infantilisme et de commencer la purification des ténèbres de son inconscience pour devenir un homme de lumière. Ce n'est donc pas sans raison que Job est mis à l'épreuve, et c'est pour objectiver sa vanité qu'il est atteint de la lèpre. Ce n'est que dans l'objectivation de ce qui est caché à l'intérieur de nous que nous pouvons nommer le mal et prendre alors le chemin du retournement. C'est pourquoi, après que YHWH l'eut conduit jusque dans les derniers monstres de ses profondeurs, Job se repent « sur la poussière et sur la cendre[6] » !

Poussière et cendre !... L'épreuve a été celle du feu de la fournaise. C'est à celle-là que les Hébreux, prisonniers de leur orgueil, ont été soumis.

Le forgeron divin fond le cœur de l'Homme comme un métal, Il le frappe pour en éliminer toutes les scories, Il le martèle, le cisèle, pour en faire une œuvre de beauté.

Les Hébreux entrent dans la beauté du saint NOM. Ils redressent le serpent de leur être et commencent de participer de celui qu'ils verront plus tard face à face dans le désert et qui les guérira des morsures des serpents venimeux qui envahiront leur camp. Il s'agira du « serpent d'airain[7] » auquel le Christ, plus tard encore, s'identifiera[8]. Les Hébreux commencent leur montée messianique : une sève s'élève, une colonne vertébrale se construit ; elle devra être sans faille pour assumer la sortie d'Égypte !

Alors que du côté des Égyptiens la lèpre atteint jusqu'aux

magiciens eux-mêmes, « l'orgueil » du pays, ceux dont le savoir leur donne tout pouvoir !

Malgré cette insupportable épreuve,
« YHWH durcit le cœur de Pharaon »,
car les Hébreux ne sont pas encore prêts pour la Pâque.
Leur verticalisation doit se faire plus haute encore.

Les grands tyrans de l'Histoire sont concernés par la lèpre. Leur cruauté est dénoncée par elle.

Les totalitarismes, de quelque ordre qu'ils soient, y compris ceux dont l'origine touche au religieux ou au sacré, relèvent de la formation d'une sorte de surmoi collectif qu'une idéologie d'orgueil insensé a alimenté.

L'ancêtre de ceux dont notre Tradition a tant souffert est le roi de Babylone, Nabuchodonosor, dont parle Daniel, prophète en Israël[9]. Daniel dénonce alors et le délire paranoïaque et l'effondrement de celui qui se faisait appeler « le roi des rois », à l'occasion de l'interprétation d'un songe de celui-ci. Mais avant que ne se réalise cet effondrement, le roi fit allumer une « grande fournaise » que l'on chauffa sept fois plus qu'à l'ordinaire et dans laquelle il ordonna de précipiter les trois jeunes hommes, amis de Daniel, qui n'avaient pas voulu adorer la statue d'or dressée à son effigie. La fournaise était tellement ardente, poursuit Daniel, que les hommes qui la surchauffaient furent brûlés alors que les hommes de Dieu au milieu d'elle, rafraîchis par une rosée céleste, louaient Dieu !

L'Histoire des hommes est constellée de ces folies dont il est inutile de préciser à quel point elles pénètrent nos cœurs et par là même nos foyers où tant d'êtres sont consumés par leur surmoi répressif, leur autoritarisme directif et vaniteux, leurs colères qui sont encore du feu et qui consument aussi leurs proches.

Cette remarque peut bien sûr être extrapolée à tout groupe qui oblige à sa vérité et impose sa puissance, à toute idéologie ou plus exactement à tout pays qui incarne de telles idéologies...

Il n'est pas étonnant que les deux plus grands paranoïaques de notre époque aient fait éclater leur folie dans le feu.

Les fournaises sont à peine éteintes à Dachau, Ravensbrück, et autres lieux infernaux où les brasiers fument encore...

Les puits de pétrole, eux, continuent de brûler, et nul ne sait ce que vont en être les retombées, la suie de ces fournaises...

Le volcans, eux, disent la colère de la terre...

« Mais Jésus descendit de la montagne... et voici qu'un lépreux vint se prosterner devant lui : Seigneur Lui dit-il, si Tu veux Tu peux me purifier ! Jésus étendit la main, le toucha et lui dit : Je le veux, sois purifié. — A l'instant sa lèpre fut guérie [10]. »

NOTES

1. Luc III, 16.
2. Genèse XXXII, 25-33.
3. *Cf.* : A. de F., t. II, p. 303 et 305.
4. Job XXIX.
5. Job II, 7.
6. Job XXXXII, 6.
7. Nombres XXI, 8-9.
8. Jean III, 14.
9. Daniel II et III.
10. Matthieu VIII, 8-14.

10

« La septième plaie : la grêle »

Exode IX, 22-35

« YHWH dit à Moïse : Dirige ta main vers le ciel et que soit *une grêle* dans tout le pays d'Égypte, sur l'Homme et sur le bétail et sur toute herbe des champs dans la terre d'Égypte. Et Moïse dirigea sa verge vers le ciel et YHWH produisit des tonnerres et de *la grêle*, un feu allant et venant de la terre et YHWH fit pleuvoir *une grêle* sur la terre d'Égypte. Ce fut une *une grêle* et un feu tourbillonnant au milieu, *la grêle* la plus grave qu'il y avait jamais eu dans tout le pays d'Égypte depuis qu'elle était devenue une nation. *La grêle* frappa dans toute le pays d'Égypte tout ce qui était dans les champs depuis l'Homme jusqu'au bétail et toute l'herbe des champs fut frappée par *la grêle*, et tout arbre des champs brisé. Rien que sur la terre de goshen où là sont les fils d'Israël, *la grêle* ne fut pas. »

Devant ce désastre, Pharaon se repentit et promit de laisser partir les fils d'Israël. Mais sitôt que Moïse et Aaron eurent obtenu de YHWH la dispa-

rition du fléau, « YHWH durcit le cœur de Pharaon qui persista à ne pas renvoyer les fils d'Israël comme l'avait dit YHWH dans la main de Moïse ».

HUIT fois dans ce texte le fléau de cette septième plaie, « la grêle », est prononcé. Mais deux autres fois auparavant, entre les versets 17 et 21 dans lesquels YHWH annonce son intention, la grêle est annoncée. Dix fois le mot grêle, *Barad* en hébreu, émaille le récit de cette épreuve. Le nombre dix réactive la lettre *Yod* du divin Tétragramme *Yod-Hé-Waw-Hé* dont, rappelons-le, chacune des lettres a pour valeur 10 - 5 - 6 et à nouveau 5, et construit le verbe-Épée הוה .

Nous venons de voir la sixième plaie liée par le feu à la valeur coordinatrice du *Waw*. Et nous ne pouvons vivre maintenant, dans cette septième plaie, que la construction de la seconde lettre *Hé* du Tétragramme, s'unissant à la première par le *Waw*. Le feu est toujours là.

En étudiant la cinquième plaie, nous avions pressenti que les deux *Hé* du Tétragramme allaient s'organiser en regard l'un de l'autre, dans les cinquième et septième épreuves autour du *Waw* de la sixième plaie [1].

La cinquième plaie était construite sur un jeu du mot « Verbe » *Dab̲ar*. C'est encore le « Verbe » qui préside à cette septième étape de la croissance des Hébreux, mais sous le symbole de la « grêle » *Barad*. Or *Dab̲ar* et *Barad* sont deux mots hébreux faits des mêmes lettres, donc des mêmes énergies (DBR et BRD). Non seulement nous nous trouvons devant deux mêmes énergies, mais elles sont toutes deux qualifiées de « très graves » dans la bouche divine :

Dab̲ar kabed meod : { Parole très grave (Ex IX, 3)
{ Peste

et

Barad kab̲ed meod : Grêle très grave (Ex IX, 24)

Cette similitude si « grave », lourde de sens, indique bien que chez les Hébreux, au pays de Goshen, dans le « jardin axé sur le NOM », le mariage des deux *Hé* du saint NOM de leur intériorité s'accomplit.

Cela était d'ailleurs contenu dans l'ordre que YHWH a donné à Moïse

« Dirige ta main vers le ciel...
et Moïse dirigea sa verge... »

Le ciel extérieur, *Shamaïm* en hébreu, désigne aussi les cieux intérieurs que tout homme est appelé à épouser. D'autre part, n'oublions pas que la « main », *Yad* en hébreu, est aussi le *Yod*, c'est-à-dire la puissance-Verbe qui joue en organe mâle dans les épousailles intérieures de l'Homme, ou qui se retourne contre lui pour tuer !

Obéissant à YHWH, Moïse dirigea alors sa verge vers les cieux ! Nous avions vu opérer la verge d'Aaron, lequel fut mandé par Dieu devant l'impuissance de Moïse alors « incirconcis des lèvres », mais nous nous trouvons maintenant devant Moïse devenu capable de parler parce que capable d'épouser ses cieux intérieurs, dans une croissance d'accomplissement témoin de celle de son peuple. Cette puissance mâle de Moïse se déployant vers les cieux intérieurs, ceux du peuple hébreu maintenant, marque une grande étape des fils d'Israël dans la construction du saint NOM. Les deux *Hé* de *Yod-Hé-Waw-Hé*, deux qualités du

« Verbe » (*Dabar* et *Barad*), s'épousent. Et ce mariage implique, comme pour toute union, un passage à un « tout autre », ce que le nombre sept de cette septième plaie exprime avec force. Dans le sept se joue une mort pour une résurrection, le pôle-destruction de toute mutation, celui qui ouvre brutalement le septième jour de la Genèse par ces mots :

> « Et sont achevés [détruits] les cieux et la terre [...] dans le jour le septième...[2] »

Un bouleversement radical se joue dans toute situation de sept : une mort intérieure pour les Hébreux ; elle concerne le champ de conscience préalablement établi, pour qu'émerge de leurs cieux un autre champ appelé « terre nouvelle » ; c'est une sorte de tremblement de terre intérieur qui saisit tout être qui se laisse empoigner par le dynamisme de son accomplissement, une destruction de ce qui était, mais qui ne disparaît qu'après avoir été intégré, pour que surgisse une lumière plus grande, une terre plus haute, un champ de conscience plus éveillé encore.

C'est en ce sens que cette septième épreuve est inséparable de la cinquième en laquelle les animaux avaient été si radicalement concernés. Les animaux sont les habitants — l'hébreu les nomme les « armées » — des cieux appelés à construire ces différentes terres. Les animaux des Hébreux, entendons ceux de leur intériorité, avaient été sacrifiés sur les autels du dedans, les animaux des Égyptiens, frappés de la peste, au-dehors !

La septième plaie concerne leurs terres respectives. Les terres intérieures des Hébreux, terres accomplies et cieux inaccomplis, sont bouleversées pour que surgisse un champ de conscience nouveau. Les terres des Égyptiens, et bien sûr extérieures celles-là puisque aucune conscience n'a encore émergé en eux, sont détruites par la grêle.

La grêle, *Barad*, si proche par son nom du « Verbe » divin *Dabar*, est en effet révélée dans toute la Bible comme une des expressions du Verbe divin :

« Louez YHWH sur toute la terre,
Feu et grêle, neige et brouillards,
Vents impétueux, qui accomplissez son Verbe[3] »,

chante le psalmiste.

Et le prophète Isaïe le confirme :

« YHWH fait entendre la majesté de sa voix...
dans la flamme d'un feu dévorant, la tempête,
l'averse et la pierre de grêle[4]. »

Cette phrase est particulièrement révélatrice de la puissance du Verbe divin contenue dans ces éléments déchaînés de la nature : l'« averse » est le même mot hébreu que le « sperme », et la grêle frappe plus encore ici où elle est appelée « pierre de grêle ». Si l'on sait qu'en hébreu, comme je l'ai dit plus haut[5], la « pierre », *Eben*, est la rencontre du « Père », *Ab*, et du « Fils », *Ben*, « la pierre de grêle » est une foudroyante présence de plus qu'« un » sperme, mais de celle du Fils, du Verbe engendré par le Père. Entre l'eau de l'averse et celle de la grêle, s'est opéré un phénomène d'information supplémentaire, mystérieuse, analogue à celle qui d'un sperme fait un fils !

Qui peut nier la présence du « Verbe » *Dabar* dans sa voix, dans son dire, en cette « chose », *Dabar*, qu'est la « grêle », *Barad* ?

YHWH veut signifier quelque chose : l'exigence d'un retournement de nos terres intérieures dans une puissance mâle dont est pourvu l'Adam de la Genèse, dont nous sommes pourvus, mais que nous investissons tout ailleurs.

Adam a reçu l'ordre ontologique de « garder et cultiver sa terre[6] » ; il s'agit essentiellement de celle-là ; il s'agit de faire le fils intérieur, fruit de cette terre, et l'« Égyptien » l'ignore. Cela lui est cruellement rappelé.

La force érotique est toute-puissante en l'Homme, et c'est d'elle qu'il s'agit, en cette qualité de Verbe que dénonce la grêle accompagnée de feu tourbillonnant en elle. Cette force est celle de la « chair », l'élément le plus mystérieux et sacré de l'être, liée au noyau de son NOM et scellée dans les profondeurs de ses cieux intérieurs comme elle est close au cœur de *Ishah*, au septième jour de la Genèse[7].

Elle est celle qui, dirigée vers l'Époux divin, préside au mariage de l'Homme avec lui-même (avec *Ishah*) pour l'érection de l'Arbre de la Connaissance, en même temps qu'elle lui donne accès aux épousailles divines dans l'Arbre de Vie.

Ce double mariage est un, en profondeur, comme sont UN ces deux Arbres plantés au milieu du jardin d'Éden[8]. Mais la situation de chute, qui est celle de l'Égypte, a détruit toute union. En elle l'« Égyptien », inconscient de *Ishah*, ses cieux intérieurs, ignore d'avoir à l'épouser et plus encore à être épousé de Dieu.

Nous sommes cet « Égyptien ». La chair en nous est « dévoyée » ; elle n'est plus dans l'espace intérieur des rencontres, dans l'axe du « jardin d'Éden » — « jardin de jouissance » —, elle s'investit dans tous les axes au bout desquels le monde extérieur promet la jouissance. L'Homme quittant l'Éden, privé donc de toute jouissance, la recherche éperdument dans la nouvelle situation animale de sixième jour, à laquelle il se trouve renvoyé. C'est dire qu'il n'a plus aucune conscience de *Ishah*, son épouse intérieure ; il ignore même ce qu'elle est en tant que *Adamah*, mère des profondeurs, riche d'un potentiel dont nous avons déjà longuement parlé, et qui, non regardée, non aimée, inépousée, se retourne contre lui. La situation de sixième jour remet l'Homme dans une confusion avec sa *Adamah*, dans un état opposé à celui d'un mariage ; il ne la connaît plus ; hommes et femmes transposent alors les uns sur les autres leurs exigences de conquêtes et de jouissances ; ils les transposent aussi sur la terre extérieure dont ils réclament les fruits et qu'ils traitent en esclave, parce qu'eux-mêmes en sont esclaves ; ce sont des rapports de forces intolérables.

Les instances religieuses avaient bien resacralisé ces éléments de jouissance, béni les mariages, sanctifié les fruits de la terre, etc., mais sans véritablement les inscrire comme base d'une verticalisation possible dans le souffle d'un retour aux normes ontologiques. Je veux parler de ce qui s'est passé en Occident ces derniers siècles où toutes « choses » ayant été coupées du « Verbe » qui les fonde, leurs bénédictions elles-mêmes en devinrent inopérantes dans le cœur des êtres, et de caractère quasi magique. Les rites, dont nous avons vu qu'ils ont perdu leur virilité spirituelle, se sont aussi vidés de leur sacralité. Et c'est rester fidèle au plus sacré en soi que de leur être infidèle !

Certains de leurs pasteurs ont organisé pour le moins mal la « vie en Égypte », mais dans le concret du quotidien ont perdu tout souffle pour en faire sortir. Seuls les moines et les clercs renonçant au mariage étaient censés avoir fait le passage. Auréolés de sainteté et drapés dans l'autorité qu'elle leur conférait, ils se firent conducteurs du vil troupeau de laïcs restés dans la fange du péché alors assimilé à celui de la chair ! La sexualité vécue en dehors du mariage était frappée d'interdit et de culpabilisations mortelles. Mais le mariage pour lui-même sentit vite le soufre et ne se justifia que dans la finalité de la procréation. La sexualité en soi capable de donner accès à une verticalisation de l'éros vers une dimension de Verbe se trouva niée, stérilisée, impuissante à faire découvrir derrière l'enfant une autre maternité..., en fin de compte castratrice de toute spiritualisation.

Comme Malherbe, enfin Freud vint ! La marmite des refoulements bouillait fort ; le couvercle des interdits contenait la vapeur avec de plus en plus de mal ; et, d'une pichenette, ce génial démolisseur de tabous fit sauter le couvercle. Démolir est une chose, mais reconstruire demande d'avoir atteint soi-même à un nouveau modèle référentiel de structures ontologiques. Freud se révéla incapable de canaliser, pour les investir dans leur voie de juste libération, les énergies subitement débondées.

Du coup, la sexualité totalement désacralisée, dessertie de l'amour, « chosifiée », livrée à tous les excès, hier taxée de péché, aujourd'hui signant le passeport de l'Homme « libéré », fait éclater toutes les structures mentales, sociales, voire religieuses et déchaîne du même coup les passions et les violences que nous connaissons.

Lorsque l'Épée intérieure ne se construit plus, l'épée extérieure ne reste pas longtemps dans son fourreau. Le sexe désacralisé, qui n'est plus en résonance avec le Verbe, va de pair avec le crime, les attentats, les violences les plus meurtrières, et avec un verbe faux, tout aussi meutrier.

La grêle éclate et le feu tourbillonnant en elle détruit tout. Nos cieux intérieurs sont saccagés. A l'extérieur tempêtes, cyclones, feux viennent arracher la terre que notre avidité avait déjà stérilisée ; dans notre corps, la maladie fait rage ; elle détruit toute puissance immunitaire qui jouait encore pour nous faire recouvrer, avec la santé, la conscience du chemin d'accomplissement perdu. Tous sont un face à face ; ils sont la voix divine !

« La voix de YHWH brise les cèdres,
YHWH abat les cèdres du Liban ·
...
La voix de YHWH fait jaillir les flammes de feu
La voix de YHWH fait trembler le désert de { Qadesh
{ la Sainteté
La voix de YHWH fait enfanter les biches et dépouille les forêts,
Dans Son Temple Saint, tous crien Gloire...[9] »

La voix divine nous demande compte du Verbe que nous sommes et qui ne sait que se perdre dans une sexualité infantilisante privée de la puissance de l'Esprit saint.

Nous n'entendons pas Sa Voix !

Ne l'entendant pas, nous ne pouvons unir notre voix à celle de ceux qui crient « Gloire ! » ce mot même qui qualifie la grêle et que j'ai traduit par « très grave », mais dont, à la cinquième plaie, j'avais proposé d'y contempler la Gloire divine[10] !

Sans la puissance de l'Esprit, la force érotique peut n'être qu'un piège à pouvoirs, subtil et terrifiant. En invitant l'Homme à pénétrer son inconscient — ce qui est le geste des épousailles ontologiques — mais en réduisant cet inconscient aux seuls espaces d'organisations des refoulements dont il a été parlé, en niant le temps des profondeurs fondé sur « JE SUIS-YHWH », Freud n'emmène l'Homme que vers une autre folie. Car les abysses de l'inconscient privés de Sa PRÉSENCE découvrent très vite d'eux un noyau psychotique livré au Satan.

Nos terres profondes ont leurs lois — celles du Logos, celles du Verbe —, qui ne peuvent être enfreintes. Leurs épousailles n'ont droit d'être célébrées que dans une qualité d'amour qu'elles seules peuvent délivrer lorsque l'Esprit saint ouvre le cœur.

Il en est de même des épousailles extérieures qui leur sont jumelles et qui ne peuvent être réduites à « faire l'amour » mais doivent porter l'Homme à « être amour » et se faire Verbe !

J'ai envie de danser avec l'énergie *Barad* et *Dabar* et d'entendre aussi en ces mots le « bavardage » qu'ils dénoncent. Bavardage de la sexualité, nous venons d'en parler. Bavardage de la parole :

> « Je vous le dis, au jour du jugement, les hommes rendront compte de toute parole inutile qu'ils auront proférée... [11] »

Toute parole vaine est comme celle qui tue puisqu'elle ne construit pas l'épée qui seule est le jugement !

Même

« Dans ta prière, ne multiplie pas les paroles comme font les païens qui se figurent être exaucés à force de paroles [12] »...

Celles-ci sont l'expression d'un bavardage du mental qui ne cesse de ruminer les sources d'inquiétudes, de soucis, de problèmes, d'angoisses qui construisent la prison du labyrinthe et dont le poids, la densité, le volume envahissent l'être ; et celui-là ne peut plus être le réceptacle de la Gloire !

Poids et Gloire traduisent tous deux le mot hébreu *Kaḇed* qui qualifie également le Verbe *Dabar* et la grêle *Barad*, dans les cinquième et septième plaies.

Seul le Verbe qui est la Gloire de Dieu et notre Parole qui construit le Verbe ont du poids !

La plupart de nos agissements sont bavardages et étouffent en nous la voix du Verbe !

En cette septième plaie, l'« Hébreu » connaît une mutation profonde ; il entend la Voix de YHWH, dans le souffle de l'Esprit ; il est sculpté dans sa chair par le

« *Shema Israël* — Écoute Israël [13] »

dans lequel il sera définitivement taillé après sa sortie d'Égypte, et qui envahira la totalité de son être.

Car nul ne pourra « voir » s'il n'a tout d'abord « entendu » et obéi.

> «Celui qui est de Dieu écoute les paroles de Dieu[14]»

rappellera le Christ, qui Lui-même obéira à la parole du Père jusqu'à celle qui le conduit à la croix.

> «Rengaine ton épée! Ne boirai-je pas la coupe que le Père m'a présentée?[15]»

dit-Il à Pierre qui, s'opposant à l'arrestation de Jésus, venait de tirer de son fourreau l'arme qui tue.

Cette force de la Parole de Dieu bouleverse l'«Égyptien» lui-même :

> «Ceux des serviteurs de Pharaon qui révéraient la parole de YHWH mirent à couvert leurs gens et leur bétail dans leurs maisons...[16]»

et la grêle ne les frappa point.

Ceux-là ont entendu; ils entrent dans la crainte de YHWH.

L'«Égyptien» se fait «Hébreu».

Les ténèbres commencent de devenir lumière.

NOTES

1. *Cf.* : *supra*, p. 107.
2. *Cf.* : A. de F., t. II, chap. 1 et 2.
3. Ps. 148, 8.
4. Isaïe XXX, 30.
5. *Cf.* : p. 48.
6. Genèse II, 15.
7. Genèse II, 21.
8. Genèse II, 9.
9. Ps. 29.
10. *Cf.* : *supra*, p. 110.
11. Matthieu XII, 36.
12. Matthieu VI, 7.
13. Deut. VI, 4.
14. Jean VIII, 47.
15. Jean XVIII, 11.
16. Exode IX, 20.

11

« La huitième plaie : la sauterelle »

Exode X,1-20

« YHWH dit à Moïse : Va vers Pharaon, car moi j'ai alourdi son cœur et le cœur de ses serviteurs afin que je pose ces signes dans son sein et afin que tu racontes aux oreilles de ton fils et du fils de ton fils ce que j'ai accompli en Égypte et les signes que j'ai placés en eux car Moi JE SUIS YHWH. Moïse alla avec Aaron vers Pharaon et ils lui dirent : Ainsi parle YHWH, Dieu des Hébreux : jusqu'à quand refuseras-tu de t'humilier devant Ma Face ? Renvoie mon peuple et qu'il m'honore. Car si tu ne laisses pas partir mon peuple, voici Moi, Je fais venir demain *la sauterelle* dans ton pays. Elle cachera l'œil de la terre et nul ne pourra voir la terre et elle mangera le reste des récoltes que vous a épargnées la grêle et elle mangera tout arbre qui germe pour vous dans les champs. Elles rempliront tes maisons et les maisons de tes serviteurs et les maisons de toute l'Égypte de telle sorte que tes pères et les pères de tes pères n'ont jamais vu cela depuis le jour où ils furent sur cette terre jusqu'à ce jour.

Et il se retira de devant Pharaon. »
Et cela fut ainsi.

Il devient de plus en plus certain que ces « signes », dont nous découvrons qu'ils sont ceux des forces de croissance du saint NOM dans le cœur des Hébreux, sont aussi ceux des démons ravageurs chez les Égyptiens !

Chaque « plaie » est œuvre de transmutation pour que tous s'accomplissent dans un processus commun venant de l'« Épée » mais se différenciant selon la loi des « deux tranchants » qui taillent dans le vif des réalités rencontrées.

En cette huitième épreuve, il s'agit de la sauterelle ; elle est nommée au singulier mais elle devient un pluriel lorsqu'« elles remplissent » toutes les maisons de l'Égypte. Elle est un nom collectif exprimant une effrayante multiplicité qui fait penser au démon des Évangiles[1] auquel Jésus demande :

« Quel est ton nom ? »

il répondit :

« Mon nom est légion car nous sommes nombreux. »

Rab, la racine du mot *Rebim*, « nombreux », est contenue dans le nom *Arebeh* de la sauterelle. *Arebeh* peut aussi être lu comme le verbe « augmenter ».

« J'augmenterai beaucoup tes douleurs et tes enfantements », dit Dieu à Ishah qui vient de se laisser séduire par le Satan dans le récit de la Chute[2].

Certainement une « augmentation », une croissance est en train de se vivre « à la verticale » chez les Hébreux, alors qu'elle s'exprime dans un envahissement « à l'horizontale » ou à une illusion de verticalité chez ceux qui n'ont pas donné ouverture au Verbe.

Je veux dire que des épreuves intérieures sont certainement en cours chez les premiers pour les faire accoucher d'eux-mêmes dans l'axe du saint NOM ; alors que chez les Égyptiens ces mêmes énergies, qui ont elles aussi vocation d'enfantement mais sans fenêtre ouverte vers les plans supérieurs de l'être, sont rabattues au plan de la « normose » en proliférations gigantesques vers de fallacieuses fenêtres.

Car le mot « fenêtre » s'impose dans ce qui « clignote » derrière le nom de la sauterelle. *Aroubeh*, dit ce mot, c'est encore moi. Une « fenêtre », une « ouverture », voire « l'orbite de l'œil » est *Aroubeh*, fait des mêmes lettres-énergies que *Arebeh*. Or la sauterelle, dit le texte, va « cacher l'œil de la terre », qui est encore sa « source » (même mot que l'« œil ») ou sa profondeur.

Il semble que nous soyons avec cette envahisseuse, devant le démon qui fait accoucher à de fausses lumières, lesquelles cachent la vraie lumière. Car les deux radicales de la « lumière », *Ar*, président à toutes ces acceptions du même mot qui fait le nom de la sauterelle, *Arebeh*. Et ce mot lui-même se présente comme le pôle-lumière d'une unité dont le pôle-ténèbre est *Aro<u>b</u>*, « l'insecte » de la quatrième plaie.

Arebeh est inséparable de *Aro<u>b</u>*, comme la lumière l'est des ténèbres. Le jeu de mots qui les unit le confirme, et, de plus, si le *Waw* de la sixième plaie a lié les deux *Hé* du divin Tétragramme dans les cinquième et septième épreuves, il semble joindre comme dans une seconde vague les objets des quatrième et huitième plaies : l'insecte et la sauterelle sont respectivement « le soir » et « l'ouverture à la lumière ».

« Il est un soir, il est un matin... », dit chacun des jours de la Genèse. Nous sommes saisis dans ce processus créateur, et créateur pour l'un et l'autre peuples, si notre propre ouverture de cœur nous permet de le comprendre.

La loi qui préside à l'évolution du peuple hébreu a conduit celui-ci dans les profondeurs de son être, jusqu'à « l'œil de sa terre » intérieure. Il est descendu dans les ténèbres pour y célébrer le mariage auquel, d'entrée de jeu, la grenouille invitait ; le mariage s'est accompli dans le secret de la forge... il a uni les deux souffles du saint NOM, il a sacrifié les animaux sur les autels intérieurs, et construit le Verbe.

Cette même loi retire maintenant le peuple des ténèbres et le fait surgir à la lumière : une conscience nouvelle est née ; une fenêtre s'est ouverte ; l'orbite de son œil s'est agrandie, embrassant de plus vastes espaces ; son cœur voit une autre dimension des choses parce qu'une peau — un prépuce — s'est déchirée à la racine, qui comprimait son souffle.

Comme dans l'arche de Noé, le « corbeau », *Oreḇ*, du même nom que *Aroḇ*, a fait place à la « colombe » ; bien que non nommée, la colombe est cependant très présente dans cette ouverture de fenêtre qui, elle, est commune aux deux récits.

L'émergence à la lumière jaillit, comme saute une sauterelle, et non pour dévorer, si ce n'est dans le sens imagé de ce terme lorsqu'il s'agit de dévorer de baisers ! Car la présence de l'« Amour » est, elle aussi, incontestable dans cet *Arebeh* qui, au verset 13 (nombre de l'amour, *Ahaḇah* en hébreu !), est défini de telle sorte qu'il forme le mot *Ḥaarebeh*, lequel peut être lu comme « le principe de l'amour ».

« Aimer » est le jaillissement de tout dialogue, et « voir » en est la texture même.

Qui me ferait voir une rose dans le plus subtil de sa transparence et de son parfum, si je ne l'aime pas ?

Qui me ferait découvrir le visage d'un être jusque dans le sourire ou les larmes de son cœur, si je ne l'aime ?

Je ne peux ouvrir les fenêtres du monde qu'en ouvrant les miennes ; alors se mettent à scintiller les lumières d'un réel tout autre, qui s'éteignent au regard bétonné sur ce qui rassure !

Arebeh est encore enfin la « ruse » ou la « malice », celles qui ressortissent aux lois de ce « tout autre » :

> « Ah ! si les enfants de lumière étaient aussi rusés que les enfants des ténèbres ! »

s'écrie Jésus[3] déplorant chez les siens la méconnaissance du Royaume.

Mais géré par un cerveau construit du même béton que le cœur et n'appréhendant que ce qui ressortit aux ténèbres et aux rapports de forces de tout dialogue, *Arebeh* devient complot, piège, calculs... La sauterelle joue dans ce cas en démon dévoreur, et ici, « dévoreur de ce que la grêle a laissé ».

Or la grêle avait détruit toutes les récoltes « à l'exception du blé et du blé noir », nous disait le texte[4], « parce qu'ils sont tardifs » ; ils n'avaient pas encore poussé au moment où avait agi cette première dévastatrice.

Si ces différentes herbes des champs symbolisent les énergies divines qui ont leur correspondance en l'Homme, dans une multitude de richesses, le blé au milieu d'elles correspond, lui, au germe du « Fils » qu'il est appelé à faire grandir jusqu'à sa dimension de Verbe. La grêle avait dénoncé la destruction de bien des richesses intérieures chez l'« Égyptien », mais le noyau de son être, « l'œil de sa terre », l'image de Dieu qu'il est dans le symbole du blé était encore vivante.

Et voici que la sauterelle vient en dévorer le germe ! Celle qui porte en elle les éléments de fenêtre, ouverture, lumière, ruse, astuce même, est le démon le plus rusé qui soit.

Il est tout d'abord celui de la « bonne conscience ». La bonne conscience qui prend la place de la conscience est une trompeuse banale, mais d'autant plus tenace et répandue qu'elle est banale ; elle auréole toute personne atteinte de cette vérole d'un poudroiement de lumière qui l'installe dans une autosatisfaction stérilisante. Le courage, voire l'héroïsme, les bonnes œuvres, etc., sont ses alliés.

« Tu as fait ton devoir, dit Jésus, tu es un serviteur inutile[5]. »

Mais la sauterelle est beaucoup plus subtile lorsqu'elle prend l'habit du moine, la robe du sannyasi, ou celle du swami, celle toute colorée des exotiques sagesses que nombre d'hommes ou de femmes revêtent pour répondre à la faim et à la soif spirituelles des Occidentaux. Je veux parler, parmi ces derniers, des faux prophètes qui s'élèvent de toutes parts aujourd'hui et qui ressemblent fort à ceux dont le Christ parle dans l'Évangile que l'on appelle celui « de la fin des temps » :

« Ceux-là se présenteront sous mon nom, disant : JE SUIS ; ils égareront bien des gens. »

et plus loin :

« Il s'élèvera de faux Christ et de faux prophètes qui produiront des miracles et des prodiges pour égarer, s'il était possible, les élus eux-mêmes[6]. »

La « fin des temps » sera l'accomplissement total des espaces intérieurs à l'Homme. Mais il s'agit aussi de la fin des temps pour « les élus » d'une étape, ceux que représente le peuple hébreu dans notre récit. Le schéma d'accomplissement, que nous avions déjà décrypté dans l'histoire de Noé où l'élu était un homme, Noé, s'applique maintenant à un peuple, les Hébreux, et dans nos temps historiques actuels, à chacun de nous dans sa personne, mais il est aussi le modèle vécu par toute l'humanité en laquelle l'élection saisit ceux qui ouvrent leur cœur. Mais au milieu d'eux les faux prophètes pullulent ; ils viennent manger ce que la folle ouverture à la sexualité n'avait pas détruit. Car il faut bien dire que le pansexualisme freudien a créé un substitut de religion ; l'émergence de la force érotique en l'Homme dessert comme nous l'avons vu tous les étages de l'être, depuis l'instinct animal le plus archaïque jusqu'aux noces secrètes et évolutives qui ouvrent sur l'union aux archétypes. Rabattre cette fulgurante force montante aux tous premiers investissements présentés comme les plus sublimes, c'était déjà faire prendre des vessies pour des lanternes. Mais les faux prophètes font plus : ils exaltent les sommets et y font accéder artificiellement en donnant aux flux de cette colonne montante un dynamisme ascensionnel inducteur d'extases, de lévitations, de sorties du corps, etc., en ayant recours aux techniques extérieures seules. Ils introduisent leurs disciples dans les mondes invisibles qu'ils n'ont pas pour autant conquis ; ils les manipulent et leur donnent l'illusion de « modifications de champ de conscience » en évacuant le chemin des morts et renaissances intérieures qui seules opèrent l'intégration réelle de la lumière.

Les sciences psychologiques sont aujourd'hui en partie piégées par ce démon ; non pas celles qui se sclérosent derrière les murs conformistes de nos universités qui, elles, se sont laissé séduire par la septième plaie. Je veux parler des sciences qui se sont émancipées de leur tutelle parentale et qui ont éclaté dans le « New Age ». Celles-là ont retrouvé à tâtons la vocation ontologique de l'Homme, mais, saisies dans l'universalité des cultures auxquelles notre génération s'ouvre enfin, dans leurs admirables richesses alliées à celles de tant de découvertes tous azimuts de cette fin de siècle, leurs bras ne peuvent en étreindre la totalité, leur cœur éclate avant d'être circoncis, et elles n'ont pas encore trouvé le fil conducteur d'une logique interne, capable de conduire l'Homme jusqu'au bout de lui-même, au Logos, au VERBE !

Elles proposent des expériences de globalité d'autant plus recherchées que l'Occident n'offrait jusqu'ici que des philosophies desséchantes ne concernant que la pensée et n'ouvrant que sur du parcellaire. Cependant les techniques employées, privées des milieux religieux ou culturels normatifs, desquels elles ont été extraites, peuvent conduire à des illuminations dont les sujets sont incapables de discerner s'il s'agit d'illusion ou de réalité. Les maîtres spirituels connaissent bien l'immense danger de ces pratiques scindées de leur humus traditionnel, qui peuvent conduire à la folie. Dans le meilleur des cas, il peut s'agir d'une expérience numineuse qui, selon les lois ontologiques, précède nécessairement le chemin des morts-renaissances intérieures, mais dans ce cas, l'expérience exige aussi nécessairement de prendre ce chemin, et, le sujet ne le sachant pas, non seulement ne le prend pas, mais se croit arrivé ! Le germe du « Fils » est alors stérilisé.

Les faiseurs de miracles affluent.

Les nombreuses techniques qui se pratiquent aujourd'hui à partir de danses, chants, sons, lumières, etc., pour faire monter le taux énergétique du groupe concerné et créer une brèche dans l'état de conscience ordinaire des participants, y introduisent ces derniers dans une ouverture étonnante qui peut produire de spectaculaires guérisons. Mais les malades ainsi guéris n'ont pas pour autant acquis par l'intérieur cette qualité vibratoire de conscience, ni la qualité d'amour qui en est le corollaire inséparable et qui seule permet l'intégration globale de cet état de conscience ; ils ne peuvent alors gérer leur guérison et récidivent d'une façon ou d'une autre ou connaissent une inflation psychique qui les fait souvent sombrer dans des désordres de cette catégorie. Ces techniques sans le savoir — mais ceci est d'ordre diabolique — violent la grâce divine qui seule opère toute guérison. Elles sont une reconduction de la tentation du Christ au désert et de celle du « premier Adam », celui de la Genèse — le Christ étant appelé « deuxième Adam » — en particulier dans l'aspect convoité du fruit « précieux pour réussir[7] ».

Enfin, la sauterelle ruse pour séduire non seulement les sciences, mais les psychothérapeutes et analystes eux-mêmes. La vie professionnelle de ces derniers suppose que ceux-ci aient réellement intégré la lumière et que de leurs cieux intérieurs ils aient constitué des « terres nouvelles », des champs de conscience plus élevés. Ils ne sont pas nombreux ! Les critères quantitatifs de diplômes en faculté ou d'heures d'analyse nécessaires aux étiquettes sociales sont loin d'être ceux d'un réel thérapeute. Il est vrai que ce travail d'ordre psycho-spirituel doit être aujourd'hui distingué du religieux — au sens des catégories extérieures, c'est-à-dire des religions — car le vrai thérapeute est là pour « relier » l'Homme à son NOM et l'aider à faire ancrage en Lui avant de commencer le chemin. Bon nombre de patients sont prêts alors à faire cette démarche, voire à l'appeler « spirituelle », mais la plupart sont encore dans le rejet de toute religion, blessés qu'ils ont été par les formes infantilisantes de ces dernières. Dans cette perspective, il est certainement juste que le thérapeute aujourd'hui ne soit pas un « religieux ». Mais c'est avec lui que le patient devra débloquer toutes les entraves constituées par son passé historique et, avec lui encore, qu'il aura à dépasser cette tranche d'être sans complaisance pour elle, même si elle n'est pas encore totalement clarifiée, pour aller vers son « passé » ontologique, vers l'orient de son être, le noyau de son NOM, là où l'acquisition d'une nouvelle conscience achèvera de résoudre ce qui était en souffrance et s'appuiera même sur cette souffrance pour aller vers la lumière. Avec lui, il apprendra à discerner cette vraie lumière de celle totalement illusoire qu'une régression confusionnelle quasi fœtale rend cependant délectable !

Confondre ces deux plans dans un sens ou dans l'autre est meurtrier. Ce travail intérieur correspond à ce qu'il serait juste d'appeler, selon le langage biblique, « les épousailles avec la *Adamah*, avec la mère des profondeurs ».

L'accès à la lumière, selon ce même langage, serait « les épousailles du Père avec celui ou celle — féminins tous deux par rapport à Dieu — qui chemine ». Ce que le « New Age » ne discerne peut-être pas encore parce que la sauterelle l'éblouit, **c'est que nul ne peut être épousé du Père, s'il n'a tout d'abord épousé la Mère.**

A dire vrai, je crois que le « New Age » reste aveugle à la présence du « Père » et de la « Mère » et qu'il ne voit Dieu que dans l'Homme devenu dieu sous le choc répété de ces nouvelles « liturgies » sauvages que l'Homme assoiffé s'est construites.

La confusion est totale, et la sauterelle continue ses ravages.

Elle décime l'âme de l'« Égyptien », tandis que par l'ouverture de nouvelles « fenêtres » l'« Hébreu » conquiert une nouvelle conscience.

Si la sauterelle, fausse lumière, dévore l'Égypte, Jean le Baptiste, précurseur du Messie, mangera, lui, des sauterelles ; celui qui, dans le ventre de sa mère, sera visité du saint NOM, se nourrira de Sa splendeur ; la « fenêtre » s'ouvrira sur la vraie Lumière.

NOTES

1. Marc V, 9.
2. Genèse III, 16.
3. Luc XVI, 8.
4. Exode IX, 32.
5. Luc XVII, 10.
6. Marc XIII, 22.
7. Genèse III, 6.

12

«La neuvième plaie : les ténèbres»

Exode X, 21-29

«YHWH dit à Moïse : Dirige ta main vers les cieux et que *les ténèbres* soient sur la terre d'Égypte et que *les ténèbres* fassent tâtonner. Moïse dirigea sa main vers les cieux et *des ténèbres* sombres furent sur la terre d'Égypte pendant trois jours. Un homme ne voyait pas ses frères et aucun ne se levait de sa place pendant trois jours alors que pour tous les fils d'Israël la lumière était dans leurs demeures.

[...]

Mais YHWH endurcit le cœur de Pharaon et il ne consentit point à les renvoyer. Pharaon dit à Moïse : Sors de devant moi et garde-toi de revoir mon visage, car le jour où tu reverras mon visage, tu mourras. Et Moïse dit : Ainsi as-tu parlé, je ne reverrai plus ton visage.»

LORSQUE, dans son authentique chemin de lumière, l'Homme est descendu sur les ailes du corbeau dans ses profondeurs, puis monté sur celles de la colombe dans les hauteurs, jusqu'à ce que tout soit accompli, il doit, pour l'achèvement ultime de son travail, descendre une dernière fois dans de plus sombres ténèbres. C'est la neuvième épreuve.

Le nombre neuf est symbole d'accomplissement ; depuis la preuve qu'on en a en arithmétique jusqu'à ses nombreuses applications dans la Bible et les Évangiles ainsi que dans nos rythmes biologiques, il est le nombre de la plénitude, de la maturité.

C'est encore autour de la sixième plaie que cette épreuve des « ténèbres » vient s'unir à celles de la « connaissance », et que la dixième fera écho à la première pour l'éclosion de la « lumière », comme au jour UN de la Genèse.

Quelle est cette plaie de l'âme qui se traduit par les « ténèbres » ? Une femme peut se laisser apprivoiser par elle pour autant qu'elle laisse affleurer en son souvenir les quelques jours, les quelques heures qui précédèrent la naissance de l'enfant qu'elle portait.

Un grand silence s'installe alors en elle, unificateur du mystère qui se joue dans le sanctuaire qu'elle est depuis neuf mois, mystère qui se tient encore dans le non-savoir, le non-dire, mais qui est prêt à éclore et à révéler son nom !

C'est un moment de crainte, de révérence devant le sacré, dans lequel l'instant d'un nouveau et très antique « JE SUIS » se prépare. La béance d'une imminence renvoie celle qui enfante à une approche du non-être, au secret d'un abîme, aux ténèbres qui précédèrent la lumière... comme avant le jour UN de la création où

« Les ténèbres sont sur la face de l'abîme[1]. »

Les ténèbres sont l'émergence de l'abîme ; et l'abîme, ce qui sépare radicalement l'Increé du créé, Dieu de l'Homme.

Mais les ténèbres sont aussi la manifestation de l'abîme lorsque l'Incréé sort de son inconnaissance, de la radicalité de la séparation, pour se faire connaître dans une icône du Fils divin, un « JE SUIS » de son être !

Et si toute femme le ressent dans cet instant ineffable, suspendu entre les eaux et la terre, tout être humain en fait l'expérience dans ce même instant qui précède celui où l'inconscience se déchire pour laisser jaillir la lumière, un « fils » intérieur.

Ces deux modes de naissance sont en résonance intime l'un avec l'autre — ce que la prochaine plaie confirmera douloureusement chez l'Égyptien ; ils obéissent aux mêmes lois et relèvent du même archétype.

Mais nul ne peut naître au « fils » divin qu'il porte en lui, s'il ne fait l'expérience des ténèbres qui montent de l'abîme.

Les « ténèbres », *Ḥoshekh* en hébreu, peuvent être lues : « le palais du *shem* ». Le *Shem* est le saint NOM, YHWH. C'est Lui et Lui seul qui abolit la séparation et qui rend les ténèbres manifestation du non-manifesté ! En Lui se jouent et se résolvent toutes les contradictions. En Lui seul ! En image, c'est le NOM en chacun de nous, YHWH de notre être, dans les ténèbres assumées pour en atteindre le cœur du palais, qui construit non seulement l'abolition de la séparation mais l'union... celle qui prépare, ô mystère, les Noces ! L'expérience des ténèbres devient alors en nous montée du saint NOM, croissance du « Fils » divin ; elle est intimement liée à l'épreuve du Shabbat où Dieu se retire dans le non-être, pour que dans l'Être YHWH soit et croisse en l'Homme.

Aucune maturité du fruit de l'Arbre de la Connaissance ne s'accomplira sans cette expérience nocturne. Déjà dans le secret du mariage intérieur proposé par la grenouille, la deuxième épreuve nous avait introduits dans une participation aux ténèbres, inséparables de l'accès à la connaissance.

En cette neuvième plaie, les ténèbres sont plus « épaisses » car la connaissance prend une plus grande dimension. La sève de l'Arbre, qui saisit le cœur du peuple hébreu, monte des profondeurs hivernales de la terre d'Égypte pour faire accéder ce peuple à une terre nouvelle où il donnera son fruit.

« Épaisses, sombres, opaques »... comment traduire cette grande nuit, du mot hébreu *Aphelah* qui joue avec le *Aleph* et ne se dissimule derrière lui qu'aux yeux qui n'ont pas de cœur. Le *Aleph*, première lettre de l'alphabet, de valeur UN, est un des noms divins. Les ténèbres qui scellent l'ultime lumière de cette étape sont divines ; elles sont nommées trois fois dans le texte.

Elles sont participation aux ténèbres plus sombres encore qui, à la neuvième heure, et depuis la sixième heure, recouvriront la terre, lorsque le Fruit lui-même de l'Arbre de la Connaissance se détachera de l'Arbre de la Croix. Car « tout est accompli » dira Jésus en mourant.

> « Il était environ la sixième heure et jusqu'à la neuvième heure, les ténèbres remplirent tout le pays. Le soleil s'obscurcit. Le voile du temple se déchira par le milieu. Poussant alors un grand cri, Jésus dit : "Père ! Je remets mon esprit entre tes mains." Et sur ces mots, il expira[2]. »

C'était la neuvième heure.

Trois jours plus tard, ressuscité, Jésus sera le « dix », le *Yod*, YHWH, « JE SUIS » et non plus « JE SERAI », dans la splendeur du Fils de l'Homme accompli, de l'unité conquise, de la totale lumière victorieuse des ténèbres, de la Vie qui aura détruit la mort.

C'est cet « instant » unique de l'Histoire que préparent les Hébreux en accouchant d'eux-mêmes, hors de la matrice égyptienne, dans la Pâque de la dixième plaie. Leur neuvième plaie n'atteint pas à l'intensité ni à l'universalité de la neuvième heure du Christ, mais elle y participe ; elle participe du « Golgotha », elle annonce cette ultime descente aux enfers, le dernier mariage de l'Homme avec lui-même, de la lumière qu'il est devenu avec ses derniers démons, jusqu'à la « semence » de ceux-ci : le Satan des profondeurs. Si elle entre en résonance avec le silence du Golgotha, elle fait aussi écho à la dernière descente aux enfers de Job lorsque, accompagné de YHWH, il pénètre les deux dernières « peaux » de ses grands monstres marins qui régnaient encore en lui, le *Béhémot* et le *Liwiatan*.

C'est dans le cœur du *Liwiatan* qu'est scellé le secret du NOM de Job[3] et avec YHWH seul que, l'ouvrant, il s'ouvre alors au YHWH qu'il est dans le noyau de son être.

Ces différentes approches de l'unique expérience nous font pressentir le mystère du Golgotha, ce « lieu du crâne » où les ténèbres des plus grandes profondeurs de l'abîme sont pénétrées par Celui qui est seul à pouvoir les assumer parce qu'Il est seul « Pontife » : Il unit en Lui, dans une unité parfaite, le radicalement inconciliable, l'Incréé et le créé que l'abîme sépare et que Lui, épousant l'abîme, unit.

C'est dans le sein de Marie que Dieu se fait Homme, c'est dans les ténèbres du Golgotha que l'Homme devient Dieu, dans une élévation de sa nature rendue alors participable à la nature divine[4]. Le Golgotha est le dernier « palais » dans lequel l'Épouse-humanité revêt la robe de noces avant d'être introduite dans la chambre de l'Époux... Dieu ! Joseph, époux de Marie, veillait sur la première matrice ; Joseph d'Arimathie veille sur la seconde. Joseph ! Celui dont nous avons vu qu'il a pour vocation d'assurer une croissance, une « augmentation[5] » ! Celui qui est présent au Golgotha est originaire d'Arimathie, ville de Judée, dont le nom signifie « les deux niveaux » !

En résonance avec le Golgotha, la neuvième plaie d'Égypte plonge les Hébreux dans des ténèbres intérieures au sein desquelles un ultime mûrissement les fait passer d'un niveau d'eux-mêmes à un autre qui les rendra aptes à faire la Pâque — un neuvième mois de gestation avant la naissance. Cette résonance au Golgotha transperce le mystère des eaux matricielles en lesquelles les Hébreux vivent leur dernière mutation.

Ces eaux matricielles sont de même nature que la « mer des moelles » qu'enveloppent à l'intérieur du crâne la « pieuse mère » et la « dure mère » séparées l'une de l'autre par l'arachnoïde, mais ainsi nommées par qui se souvenait encore de ce lieu de maternité placé là. Je reprends le nom « mer des moelles » donné par la Tradition chinoise à la moelle épinière lorsqu'elle s'épanouit dans la matrice du cerveau. Cette même Tradition appelle alors le cerveau « champ de cinabre » crânien, troisième terme de la triade des matrices successives par lesquelles l'Homme doit passer pour devenir son NOM ! Dans notre Tradition, comme dans cette dernière, une première matrice d'eau est assumée au creux du ventre par celui qui mûrit l'« enfant divin », puis une matrice de feu, dans la « forge » du cœur ; ce lieu du crâne est en effet la dernière matrice connue du Fils de l'Homme qui, déjà « né de l'eau et du feu », doit naître encore de ce que semble symboliser la moelle : le mariage de l'eau et du feu. Dans le bain de cette union des irréductibles s'opère la transformation de l'Homme appelé à être épousé de Celui qui le transcende totalement !

Je veux parler du mariage divino-humain.

Le crâne est en effet le « ciel de l'Homme ».

Mort couronné d'épines, Celui qui dans sa Résurrection ouvre ce ciel pose sur la tête de qui se fait Épouse le diadème royal :

> « Tu recevras un NOM nouveau, nommé par la bouche de YHWH, tu seras une couronne splendide dans la main de YHWH, un diadème royal entre les mains de ton Dieu...[6] »

Bien sûr, ce que vivent les Hébreux en leur « neuvième heure » n'est qu'un écho encore lointain aux ténèbres du Golgotha, mais un écho certain, et qui forge l'Épée. Leurs ténèbres intérieures s'enracinent en celles du Christ, car si historiquement elles les précèdent, dans l'éternité qui informe chaque instant de l'Histoire, les ténèbres du Golgotha sont premières.

Des noces de Qanah à la Résurrection, le Christ a porté en archétype à son accomplissement total le Grand Œuvre de l'humanité vécu, sur un plan mythique peut-être, par Noé, ébauché historiquement par son peuple Israël et que notre histoire actuelle a pour vocation de conduire à sa réalisation universelle. C'est un raccourci évangélique

que vivent en ces dix plaies nos frères hébreux ; celui-là même que chacun de nous a à vivre en notre « terre de Goshen » intérieure.

Le texte ajoute :

« Chacun tatônne, ne voit pas son frère et ne peut se lever de sa place. »

La face cachée du tâtonnement est le « toucher du NOM ». C'est la résonance au NOM, au noyau des profondeurs, qui s'intensifie et qui prépare les Hébreux non seulement à entendre la Voix de Dieu éclatant au Sinaï, mais à la « voir[7] ». L'Insaisissable se laisse saisir, l'Innommable, nommer, l'Inconnaissable, connaître !...

Le retournement de celui « qui ne voit pas son frère » conduit l'Hébreu à regarder son frère intérieur, cet autre lui-même caché dans les ténèbres qu'il a pour vocation d'intégrer pour en devenir lumière et resplendir de lui. Celui-là seul pourra approcher la Voix, le Verbe, sur son Sinaï intérieur, et Le voir !

L'« Égyptien qui ne peut se lever de sa place » révèle en contrepoint la verticalisation de l'« Hébreu ». Elle forge en lui l'Épée, et dans l'axe de celle-ci sa colonne vertébrale de même qualité que celle du « serpent d'airain ».

Le « serpent d'airain » est celui que dressera Moïse au désert, après la sortie d'Égypte, à un moment où les Hébreux auront régressé et où des serpents venimeux viendront les piquer et les faire mourir. Plaie du désert pour les Hébreux redevenus Égyptiens ! Que faire ? Moïse obéit alors à Dieu qu'il a interrogé ; il dresse ce serpent d'airain qui guérit quiconque se tourne vers lui et auquel, plus tard, le Christ s'identifiera[8]. Le serpent d'airain est l'Épée dans son tranchant vivificateur, les serpents venimeux, l'objectivation des démons intérieurs, que suscite l'Épée dans son tranchant de mort. Ainsi sera aussi l'Arbre de la Croix, « folie, scandale » pour qui se fera « Égyptien », Arbre de Vie, pôle de résurrection, de totale verticalisation pour qui se fera « Hébreu ».

Toute verticalisation implique un mariage : l'Adam de la Genèse nomme *Ishah* :

« Celle que tu m'as donnée, pour que je me verticalise »,

dit-il à Dieu au Livre de la chute[9]; et le nom de « la place » d'où ne peuvent se lever les Égyptiens est celui des « profondeurs » cité au chapitre précédent de la Genèse[10] (mais souvent traduit par « à la place de ») qui a aussi une connotation de mariage[11].

Le mariage auquel se réfèrent ces grandes ténèbres de la neuvième plaie dépasse encore celui de l'Homme-*Ish* (époux) avec *Ishah* (épouse) des profondeurs. Il annonce (et aussi rejoue ! comme nous l'avons vu) celui que le Christ vit dans les enfers de la neuvième heure pendant les trois jours et trois nuits du tombeau ; il prépare les noces mystiques sur lesquelles un silence est gardé, celles de l'Homme avec Dieu, celles qui déjà scellaient tous les mariages de l'Homme avec lui-même et sans lesquelles il n'aurait pu les accomplir, mais qui ici s'achèvent mystérieusement dans le baiser d'un retour au « Rien » originel.

Aujourd'hui chacun tâtonne.

Les repères d'hier ont disparu. Ceux qui, affolés, veulent rétablir les valeurs effondrées de la morale érigée en absolu sont dans une grande naïveté : nul retour en arrière n'est possible.

La guerre du Golfe a été une démonstration de cet effondrement et personne n'aurait pu y discerner où était le bien, où était le mal; qui était le bon, qui était le méchant. Comme des arcs-boutants soutenant un édifice qui a perdu son unité de masse, les mensonges les plus contradictoires ont tenté de justifier les décisions des gouvernements. Mais aucun de ces derniers n'avait pouvoir de décisions éclairées dans le jeu diabolique des intérêts économiques et politiques dont ils étaient les meneurs et les menés!

Nul n'a été dupe. Mais les ténèbres restent totales.

Les ténèbres font aussi que personne ne reconnaît l'autre comme frère, que personne ne voit qu'en l'abattant il s'abat lui-même, et que les jeux de compétitions, de concurrences et de rivalités auxquels on initie nos enfants dès la maternelle sont autant de rapports de forces meurtriers pour tous.

Personne ne reconnaît en l'autre l'image de ce « frère » intérieur avec lequel seul il pourra se construire, voire se « verticaliser ».

Personne n'a conscience d'avoir à trouver sa juste place extérieure et libérante en tant qu'image de celle des profondeurs, point d'ancrage de toute verticalisation; dans cette dimension de conscience, il n'y a d'ailleurs pas tant à la chercher qu'à se laisser conduire par d'invisibles mains vers elle, à se laisser trouver! L'« Hébreu »

« est ceint et conduit là où il ne croyait pas devoir aller[12] »,

l'« Égyptien » se ceint lui-même et va où il veut, mais où la lutte reste âpre et incessante pour obtenir et garder la place qui le sécurise. L'« Hébreu » est sécurisé par Celui qui l'a conduit, YHWH. Mais cette attitude exige le passage par les ténèbres, celles de la totale inconnaissance.

Accepter de ne plus rien connaître, de ne plus rien comprendre, de n'avoir plus aucune sécurisation, accepter l'inacceptable, là est le chemin de lumière. Ce n'est pas le « tâtonnement » de l'« Égyptien », mais l'expérience par le « toucher du NOM », de l'« Hébreu ».

Ce « toucher » est le seul repaire pour celui qui est chassé d'une terre intérieure avant de connaître celle qui ne peut se former en lui dans une conscience plus haute que s'il « quitte » la précédente :

« Tu quitteras ton père et ta mère
et tu t'attacheras à ton *Ishah*
et vous deviendrez une chair UNE [13] »

« Père et Mère » sont « Sagesse et Intelligence » afférentes à chaque niveau de conscience atteint, les « luminaires » du quatrième jour de la Genèse, le « Soleil et la Lune » de chaque terre intérieure, dons de YHWH.

Lorsque ces éclairages viennent à manquer, seule la résonance au NOM, le « toucher » de YHWH est sécurité.

« Tu es mon rocher, ma forteresse [14] »,

crie le psalmiste dans ses jours de détresse.

Mais Jésus Lui-même avant de mourir et s'adressant à son Père dira :

« Mon Dieu, mon Dieu, pourquoi m'as-tu quitté ?... [15] »

car le verbe *Azob* rapporté par les Évangiles est bien le même que celui de la Genèse.

Ici le Shabbat est total.

Cette neuvième plaie de l'âme qui s'enracine en lui ne relève plus de l'Homme qui doit « quitter » pour épouser son *Ishah* intérieure, mais de Dieu qui se retire pour que l'Homme devienne totalement *Ishah* pour Lui et qu'alors Il l'épouse !

Saint Jean de la Croix appelle la première expérience de ténèbres la « purification sensitive », mais celle-ci, la « purification spirituelle ». L'Homme a fini de « nommer ses animaux » et de les sacrifier sur ses autels, il entre maintenant dans une aventure qui n'est plus commune à tous, dit encore saint Jean de la Croix, elle n'arrive qu'à fort peu... elle est la « voie illuminative — où Dieu enseigne l'âme en secret et l'instruit en perfection d'amour — Il la dispose pour l'union d'amour avec Dieu ».

C'est la lumière divine elle-même que saint Jean de la Croix appelle la « nuit obscure »...

> « Plus on regarde le soleil à plein, plus il cause de ténèbres et prive la puissance visive, l'excédant à cause de sa faiblesse. »
>
> [...]
>
> C'est la cause pour laquelle Dieu dardant sur l'âme qui n'est pas encore transformée ce brillant rayon de sa secrète sagesse, Il lui fait des ténèbres obscures en l'entendement [16]. »

Et de son côté, David chante :

« YHWH règne,
Une sombre nuée l'enveloppe...
Un feu le précède...
Ses éclairs illuminent le monde... [17] »

Dans une résonance encore lointaine à cette « sombre nuée », et une réalité toute relative à l'éveil, ainsi en est-il déjà des ténèbres qui frappent l'Égypte :

L'Épée de contradiction se fait « nuit épaisse » pour l'« Égyptien », mais « lumière au pays de Goshen » où se dressent les Hébreux. Et celle-ci, réelle lumière divine en soi, est obscurité de l'âme pour l'« Hébreu » travaillé au cœur de son être par le feu de l'amour de Dieu. Avec le psalmiste, il s'étonne :

« Pourquoi nous relègues-tu au séjour des chacals ?
Pourquoi nous as-tu enveloppés de ténèbres ?... [18] »

Réduit en cendres et ressuscité par le feu de cet amour, Israël renaîtra « fils nouveau ». C'est dans cette qualité de « Fils » mourant et renaissant autant de fois qu'il le faudra encore à lui-même qu'Israël construira sa dimension d'« Épouse » de Dieu.

C'est un même travail de l'âme qui fait de l'« Hébreu » le « Fils » par rapport à lui-même et à Dieu, et l'« Épouse » par rapport à Dieu.

C'est pourquoi une même lumière ténébreuse accueille la naissance de l'« Hébreu » en tant que « Fils » et voit aussi se verticaliser en lui l'« Épouse » rendue enfin capable de « quitter » la terre d'esclavage en laquelle elle s'était enfermée !

« Car le Roi s'est épris de ta beauté !
Il est ton Seigneur, incline-toi devant Lui.
Toute la Gloire de la fille du Roi est en elle-même.
Elle resplendit dans ses vêtements tissés d'or...[19] »

NOTES

1. Genèse I, 2.
2. Luc XIII, 44-46.
3. Job 41, 16.
4. II Pierre I, 4.
5. *Cf.* : *supra*, p. 33.
6. Isaïe LXII, 2-3.
7. Exode XX, 18.
8. Nombres XXI, 8-9 et Jean III, 14.
9. Genèse IV, 3-12.
10. Genèse II, 21.
11. *Cf.* : A. de F., t. II, p. 299.
12. Jean XXI, 18.
13. Genèse II, 24.
14. Ps. LXXI, 3.
15. Matthieu XXIV, 46.
16. Saint Jean de la Croix, *La Nuit obscure*, Livre II, chap. V.
17. Ps. 97, 1-4.
18. Ps. 44, 20.
19. Ps. 45, 12-14.

13

« La dixième plaie : la mort des fils aînés et des animaux premiers-nés »

Exode XI et XII

« YHWH dit à Moïse : Il est encore une plaie UNE que je ferai venir sur Pharaon et sur l'Égypte, après quoi il vous laissera partir de ce pays, il vous en chassera absolument. Parle donc dans les oreilles du peuple et que chacun demande à son voisin, et chacune à sa voisine tous les objets d'argent et tous les objets d'or.

...

Moïse ajouta en s'adressant à Pharaon : Ainsi dit YHWH, lorsque ce sera la moitié de la nuit, moi je sortirai au milieu de l'Égypte et je ferai mourir tout premier-né en terre d'Égypte, depuis le premier-né de Pharaon qui devait s'asseoir sur son trône, jusqu'au premier-né de l'esclave qui fait tourner la meule, et tout le premier-né du bétail. Ce sera un grand cri dans tout le pays d'Égypte, tel qu'il n'en a pas été comme lui et qu'il n'y en aura plus. Et pour tous les fils d'Israël pas un chien n'avancera sa dent vers quiconque ni vers le bétail afin que vous sachiez que YHWH distingue entre l'Égypte et Israël. Tous tes serviteurs, ceux-ci, descendront vers moi et se prosterneront devant moi en disant : "Sors toi et tout le peuple qui est à tes pieds", après quoi je partirai. Et il sortit d'avec Pharaon très en colère.

[...]

Mais YHWH durcit le cœur de Pharaon et il ne renvoya pas d'Égypte les fils d'Israël.

YHWH dit à Moïse et à Aaron en terre d'Égypte : Ce mois-ci est pour vous la tête des mois, pour vous le premier, lui, des mois de l'année. Parlez à toute la communauté d'Israël et dites : au dixième jour de ce mois que chacun prenne pour lui un agneau, et pour la maison paternelle, un agneau par maison...

L'agneau doit être sans défaut, mâle, fils de l'année... Vous le garderez jusqu'au quatorzième jour de ce mois. Alors tout convoqué de la communauté d'Israël l'immolera entre deux soirs. On prendra de son sang et on en mettra sur les deux poteaux et sur le linteau des maisons dans lesquelles on en mangera. Et on mangera la chair cette même nuit, rôtie au feu et seront mangés des pains azymes et des herbes amères...

Et voici comment vous le mangerez, les reins ceints, les sandales aux pieds, vos bâtons dans vos mains et vous le mangerez à la hâte, ceci est *la Pâque* de YHWH.

Je passerai dans le pays d'Égypte dans cette nuit-là; je frapperai tout premier-né dans le pays d'Égypte depuis l'homme jusqu'au bétail et dans tous les dieux de l'Égypte je ferai justice, moi YHWH. Le sang servira de signe pour vous sur les maisons où vous serez là et je verrai le sang et *je passerai sur vous* et il n'y aura pas pour vous de plaie pour la destruction quand je frapperai la terre d'Égypte.

Ce jour sera pour vous mémorable et vous le fêterez comme fête pour YHWH ; c'est une loi de toujours pour vos générations, vous le fêterez...

Moïse convoque alors l'assemblée d'Israël et lui prescrit ce qu'avait dit YHWH.

"[...] Lorsque le Seigneur passera pour frapper l'Égypte, Il verra le sang sur le linteau et sur les deux poteaux et *YHWH passera au-dessus* de la porte et Il ne mettra pas le destructeur à venir vers vos maisons pour tuer. Vous garderez cette chose comme loi pour toi et pour tes fils, à toujours..."

Et les enfants d'Israël firent ainsi.

[...] Ce fut dans la moitié de la nuit, YHWH frappa tout premier-né en terre d'Égypte, depuis le premier-né de Pharaon qui s'assied sur son trône jusqu'au premier-né du captif qui est en prison et tout le premier-né du bétail. Pharaon se leva cette nuit-là et tous ses serviteurs et toute l'Égypte et ce fut un grand cri en Égypte car il n'y eut pas une maison qui n'eut un mort. Il appela Moïse et Aaron cette même nuit et dit : Levez-vous, partez du milieu de mon peuple, vous et les fils d'Israël. Allez servir YHWH comme vous l'avez dit. Prenez aussi vite votre menu et votre gros bétail comme vous en avez parlé, allez et bénissez-moi !...

Les enfants d'Israël partirent de Ramsès à Soukot,

environ six cent mille marcheurs, hommes forts, sans compter les enfants[1]... »

Il y avait quatre cent trente ans qu'ils étaient en Égypte.

CETTE dixième plaie est marquée du sceau divin.

Le nombre dix, par lui-même, introduit la lettre *Yod*, lettre initiale de YHWH dont la Tradition dit qu'elle contient le saint NOM tout entier. Elle est « le pommeau de l'Épée » יהוה[2].

Le nombre dix est d'autre part l'unité dans le registre des dizaines, c'est-à-dire dans celui qui se réfère au monde créé. En ce sens il est l'incarnation du UN divin, celle du Fils en l'Homme. Et cela est si capital que YHWH parle de cette dixième plaie en insistant sur son caractère UN :

« J'enverrai encore une plaie UNE. »

L'hébreu inscrit à dessein un nombre cardinal et non le simple article indéfini, et ce nombre est divin !

La cinquième plaie atteignait en l'Homme ses « âmes vivantes » qui constituent en lui les deux *Hé* du divin Tétragramme, âmes vivantes symbolisées par les animaux. C'est pourquoi cette plaie centrale dans l'ensemble de l'œuvre, la peste, dont nous avons vu qu'elle est le « Verbe », faisait périr les animaux des Égyptiens. Mais celle-ci qui dans le nombre dix se réfère au *Yod* va toucher l'Homme lui-même. Cette nouvelle intervention divine est un événement focal auquel les neuf plaies ont préparé, mais que les grandes ténèbres ont précipité.

Les neuf épreuves, dans le texte hébreu, n'ont pas été appelées « plaies », mais « signes, merveilles, preuves de la puissance divine », etc. Seule cette dixième et divine intervention est réellement nommée « plaie ».

Si, dans la transmission orale, ce mot a été étendu à la totalité de l'œuvre, il n'est cependant prononcé qu'une seule fois par YHWH qui le fait suivre de sa valeur UNE dont je viens de parler. Cette plaie est unique en soi, et UNE en sa qualité divine. Le mot hébreu *Nega* qui l'exprime est un « toucher », voire un « coup » car il est marqué d'un signe de violence. Dans une lecture plus subtile, il est une intervention qui s'inscrit au creux d'une errance et pour indiquer un chemin. Ceci vient confirmer le caractère didactique et non punitif que nous avions ressenti de l'ensemble des épreuves envoyées par YHWH aux Égyptiens. Mais en celle-ci, l'Épée divine se fait plus violente ; elle entre au cœur des choses, « aux confins de l'âme et de l'esprit, à la jointure des moelles[3] » ; elle entre au sein même de l'espace intérieur de transformation, qu'elle va trouver chez l'« Hébreu » lourd d'un « fils » dont il est prêt à accoucher dès la neuvième étape, mais vide chez l'« Égyptien », l'errance est l'expression de ce vide, et l'Épée frappe en elle douloureusement.

Parce que l'« Égyptien » n'a pas mis au monde un fils intérieur, son fils extérieur meurt ; les premiers-nés des animaux auxquels il est identifié, puisqu'il n'est pas entré dans une dimension d'Homme, meurent avec son propre fils.

La loi est inexorable.

Elle est ontologique.

Elle joue aujourd'hui même où j'écris ces lignes.

En ce monde, nos enfants meurent de ce que nous

n'accouchons pas à l'intérieur de nous-mêmes d'un « fils » nouveau, premier-né d'abord, qui, de morts en naissances successives, au-dedans de nous, construit la totalité de nous-mêmes, notre NOM secret, divin!

Les mystères chrétiens viennent confirmer cette loi.

Ils s'ouvrent avec Marie qui se révèle être la « nouvelle Ève » ; mais je l'appellerais plutôt « nouvelle *Ishah*-épouse » de l'Adam, l'Homme-humanité, dont il nous est donné de vivre la secrète évolution de son intériorité, son espace-temps intérieur, dans l'Histoire :

> « Marie, lorsque son terme arriva, mit au monde son fils premier-né »,

nous dit l'évangéliste Luc[4].

Si Marie est *Ishah* révélant l'épouse intérieure d'Adam, il ne serait pas faux de dire, en parlant de l'Homme intérieur :

> « Adam mit au monde son fils premier-né. »

Cela est d'autant moins faux que Jésus ne s'adressera essentiellement qu'à cette dimension-là de l'être :

— Parlant de lui-même, et bien que né biologiquement d'une femme, il ne se nommera que « Fils de l'Homme » (en Hébreu : fils de l'Adam) ; alors qu'Il dit de Jean-Baptiste qu'il est « fils de la femme », c'est-à-dire, si grand soit-il, fils biologique.

— Jamais Jésus ne se tournera vers Marie comme vers sa mère selon la chair, au point que notre sensibilité toute primaire s'en trouve parfois émue et nous incite à le trouver « dur » avec elle!

— Par contre, Jésus s'adressera à Marie, et pour la première fois en faisant appel à sa maternité, lorsque sur la Croix, mourant, Il remet entre ses mains un autre fils, Jean :

«Femme, voici ton fils[5]»,

lui dit-Il.

Mais cette filiation, pas plus que celle de Jésus, en profondeur, n'appartient au plan que nous partageons avec les animaux. Il s'agit du fils premier-né qui, lorsqu'il meurt, s'efface pour laisser place à un autre fils, selon la loi de « mort et résurrection » au sein de l'intériorité de l'Homme.

Comme en terre extérieure où le grain de blé meurt pour ressusciter en un épi nouveau, le «fils» qui partage avec le « grain de blé » le même nom hébreu, *Bar*, meurt lui aussi pour ressusciter, en terre intérieure.

Bar-Abbas, «le fils du père», est d'ailleurs libéré de ses chaînes lorsque Jésus, le Fils du Père, meurt[6] !

Jean est fils intérieur nouveau, fruit de l'humanité qui, paradoxalement, en Christ, est déjà totalement accomplie ! D'autres certainement depuis Jean, dans la multitude des saints, témoignent des secrètes maternités de l'Homme dans le lent déroulement de son Histoire. Mais à la lumière de la Tradition chrétienne, Jésus, fils de l'Homme, est aussi Fils de Dieu. Et c'est en Dieu même que se vit le mystère archétypiel de la mort et résurrection du Fils. C'est en Marie, sanctuaire céleste, que s'accomplit cette double et une immolation. Et c'est pourquoi Jésus, «fils premier-né» de Marie, est aussi Fils unique de Dieu. En tant que Fils de Dieu potentialisant en Lui tous les fils de l'intériorité de l'Homme, Il porte ce dernier, dans son principe, à son accomplissement final. En tant que YHWH « JE SUIS », participant aussi de l'éternité présente en chaque instant de l'Histoire, Il informe de ce mystère nodal tous les instants de l'Histoire de l'humanité et rend possible à chacun, depuis toujours et jusqu'à la fin des temps, son propre accomplissement. Tous en sont informés, tous les peuples qui le transcrivent dans leurs mythes, et chacun de nous dans ses profondeurs.

C'est dans la puissance de cette connaissance secrète et inconnue, mais présente en lui, qu'Abraham a eu la force de conduire à l'immolation son propre fils Isaac, sur la demande de Dieu.

> « Prends ton fils, ton unique, celui que tu aimes, Isaac, et va vers toi-même au pays de Moriah et là tu l'offriras en holocauste sur une des montagnes que je te dirai.[7] »

Isaac était non seulement fils unique et chéri de son père, mais sur lui Dieu avait étendu son Alliance, promettant qu'il serait père d'une grande nation...

Il est certain que la puissance seule de l'Esprit saint, dans une connaissance secrète des choses, a pu conduire Abraham à obéir à cet ordre le plus fou, voire absurde, eu égard à la promesse faite, et en regard de la plus élémentaire sagesse ! Abraham entendait là pour la deuxième fois l'ordre divin :

« Va vers toi-même. »

Au-delà de la désécurisation qu'il avait assumée en « quittant son père et sa mère », selon le premier ordre, Abraham va maintenant vers la désécurisation du cœur et de l'Esprit. Il ne sait plus rien, ne comprend plus rien; mais il obéit. Et si Isaac est sauvé, c'est qu'en l'Hébreu Abraham, un fils intérieur nouveau, dans l'obéissance à Dieu, est né!

De même, le peuple hébreu, fils d'Abraham, n'a pu vivre les neuf mois de cette matrice-Égypte — quatre cent trente années historiques — que dans la puissance informante de ce souffle.

J'aimerais reposer un moment le lecteur de ces pages peut-être difficiles et que j'essaye cependant de rendre simples! Mais comment signifier sans trahir son contenu un texte qui voudrait rendre compte de ce que les Hébreux comparent à la rétention de la force contenue dans l'arc lorsqu'il est tendu? Qui pourra vivre la folle aventure de la flèche, lorsqu'elle partira, qui ne soit auparavant entré dans la rétention de l'arc?

J'ai rencontré dans les années 50, et dans le marasme existentiel, l'errance intérieure où je me trouvais à cette époque, une femme; un de ces êtres qu'on ne rencontre qu'une fois dans sa vie, mais qui la marque comme d'un sceau secret sur son cœur, une lumière dans un chemin de ténèbres.

Hongroise mariée à un Hollandais que la profession amenait pour peu de temps dans la ville portuaire que j'habitais, ils sortaient à peine tous deux des camps de concentration japonais d'Indonésie, pays où la guerre les avait surpris.

Sentant ma quête désespérée du sens de la vie, du pourquoi de la souffrance, cette femme se nimba tout à coup d'une sorte d'auréole de sérénité, de lumière et d'un tel amour que j'ai du mal à évoquer ce moment sans laisser jaillir mon émotion. Alors elle me dit :

« Annick, quand nous avons été pris par les Japonais, mon mari a été emmené dans un camp d'hommes, moi, avec mes deux filles de 14 et 15 ans, dans un camp de femmes. Chaque jour mes deux filles étaient emmenées pour le service des Japonais...

Je dormais mal, ajouta-t-elle avec humour, et je me demandais pourquoi... Une nuit, je trouvai ! Je détestais les Japonais !

Le temps a passé ; on se demandait bien quand on se regardait dans le camp quel était le devant et le derrière de nos personnes, comme si quelques têtes parfois avaient été vissées à l'envers... beaucoup tombaient ! Et je me demandais pourquoi cela n'allait toujours pas ! Une autre nuit, je trouvai... Je n'aimais pas les Japonais...

Beaucoup de temps a encore passé.

Un jour, un grand désordre a bousculé le camp ; il s'est encore amplifié, et nous avons appris que les Américains arrivaient. Un autre jour, il n'y avait plus de Japonais et les barbelés avaient sauté. Je suis partie avec mes filles, au milieu d'une colonne errante, sans but ; des cadavres ambulants dont beaucoup s'effondraient... Nous croisions d'autres colonnes tout aussi errantes, qui allaient dans la direction inverse, comme nous, sans autre but que de partir, marcher, chercher s'il y avait un sens quelque part !

Un jour, croisant une de ces colonnes, mon corps s'est retourné comme s'il venait de reconnaître quelque chose. Ce qui ressemblait à un homme s'est retourné lui aussi.

une fois, deux fois. Nous avons fini par nous approcher, c'était mon mari!

Annick, aujourd'hui, je peux vous le dire : l'Abraham qui est monté sur la montagne de Moriah et celui qui en est descendu n'étaient pas le même homme!»

Je n'ai jamais revu cette femme qui savait ce qui s'était passé à la montagne de Moriah, et qui avait fait sa Pâque. Mais elle m'a raconté, et à mon tour je raconte; le message a donné force à ma vie et c'est à cause de lui, de son intégration si totale à mon être, que j'ose en ce livre parler de la Pâque et de Celui qui en est l'Agneau.

«Père voici le feu, voici le bois, mais où est l'agneau pour l'holocauste?»

demandait Isaac prêt à être immolé, à son père Abraham[8]

C'est dix-huit cents ans plus tard que Jean-Baptiste donnera la réponse, alors qu'il baptisait dans le Jourdain, en désignant le Christ.

«Celui-ci est l'Agneau de Dieu[9].»

Mais réponse éternelle, et aussi contemporaine d'Abraham. D'ailleurs Jean le précise :

«C'est lui dont je disais : après moi vient un homme qui est passé devant moi parce qu'il existe avant moi [...]. C'est lui qui baptise dans l'Esprit saint.»

Entre le temps d'Abraham et celui de Jean, Isaïe prophétise son immolation. Il dit :

« Comme un agneau qu'on mène à la boucherie,
Comme une brebis muette aux mains du tondeur,
Il n'a pas ouvert la bouche...[10] »

Entre le temps d'Abraham et celui d'Isaïe, Dieu ordonne à Moïse :

« Que chacun prenne pour lui un agneau, un agneau par maison [...]. On l'immolera entre deux soirs [...]. On en prendra le sang [...]. On en mangera la chair cette même nuit, rôtie au feu [...]. Les reins ceints, les sandales aux pieds, le bâton à la main, à la hâte, c'est la Pâque de YHWH ! »

Un souffle immense balaye ces deux millénaires, celui du « Fils » qui se fait agneau de sacrifice pour qu'un fils nouveau naisse et grandisse, et s'efface peu à peu devant le Fils totalement accompli. Cet événement crucial en Jésus, Fils de Dieu et fils de l'Homme, au sixième mois de la gestation de l'humanité, informe toutes les consciences depuis le premier instant de la conception jusqu'à la fin du neuvième mois. Il donne puissance d'actualisation à cette montée de sève dans le peuple hébreu d'abord, et maintenant en l'humanité entière, en chaque être humain qui rejoue dans sa chair la totalité de cette immense aventure et qui n'est malade avec l'« Égyptien » que de ne pas la vivre !

Prêts à partir, à quitter leur terre d'esclavage, parce qu'ils ont accouché d'un fils nouveau, les Hébreux immolent l'« agneau », signe extérieur de celui qui a souffert en eux, qui est mort, signe de son sang qui a coulé en eux.

Voici que la dimension de « Fils », qui leur avait été retirée en même temps que la paille nécessaire à faire des briques, est reconquise ! Mais avec elle, ils ne vont plus faire de briques : par Moïse, ils ont eu la révélation de la Pierre angulaire, le saint NOM, et ils se construisent maintenant en cette même qualité de « pierre » pour faire d'eux le « fils du père » (jeu de mots hébreu dont nous avons parlé plus haut, autour du nom de la « pierre », *Eben*, faite du « père » *Ab* et du « Fils » *Ben*).

Mais que signifie l'ordre divin d'avoir à immoler l'agneau « entre deux soirs » ? Ce terme semble très important puisqu'il revient tout au long de la vie des Hébreux commémorant leur Pâque. Si l'on prend cette expression à la lettre, on ne peut comprendre la précipitation qui est tout aussi prescrite pour la consommation de l'agneau :

> « Vous le mangerez les reins ceints, les sandales aux pieds,
> vos bâtons dans vos mains, et vous le mangerez
> [à la hâte... »

« Il s'agit d'un intervalle qui n'est certainement pas entre deux couchers de soleil, mais entre deux crépuscules intervenant le même soir, c'est-à-dire entre le temps du coucher du soleil et celui où le centre du soleil est à 18° au-dessous de l'horizon et où il fait alors nuit. C'est le "crépuscule civil" par rapport au "crépuscule astronomique". En pays d'Égypte, à cette époque de l'année où se situe la Pâque, cet intervalle dure environ une heure et demie [11]. »

On peut aussi entendre dans l'expression hébraïque « entre deux soirs » et — si l'on se souvient que le « soir » et le « corbeau » partagent le même mot hébreu — « entre deux vols de corbeaux » (comme dans l'arche de Noé !). Car l'Épée va plonger au cœur de l'Égypte, une fois, et ses fils aînés ainsi que les premiers-nés des animaux périront ; une autre fois, et son armée sera engloutie dans la mer Rouge que les Hébreux passeront eux, à pieds secs. La nuit sera alors totale en effet sur l'Égypte !

Quel qu'il soit, l'intervalle entre ces « deux soirs » est court. On comprend que le départ est imminent et que la nourriture doit être prise à la hâte.

L'agneau aura été « cuit au feu », symbole d'un amour nouveau, d'ordre spirituel, qui a immolé l'agneau intérieur dans le feu de la forge ! Il sera mangé avec des « herbes amères », signe de l'intégration de l'amertume liée à l'esclavage ; et avec du « pain sans levain », car rien de ce qui a fermenté en terre d'esclavage n'a levé dans la chaleur de l'Esprit saint de Dieu, mais dans celle des passions.

Ce pain sans levain est la *Matsah*, mot de même racine que le verbe « sucer », « téter ». La *Matsah* renvoie l'Homme à une nourriture maternelle, à la relation archaïque, à l'acquisition de la connaissance par voie intérieure : le pain levé renvoie au père. Mais en Égypte.

« votre père, c'est le diable[12] »,

dira Jésus en parlant du monde en tant qu'extrapolation de l'Égypte. Ce retour au pain azyme, après que les Hébreux eurent mangé le pain des douleurs, est le signe de leur retournement vers la « mère » qui seul déterminera le retour au vrai « Père » dans un pain levé.

« Tu mangeras du pain à la sueur de tes narines jusqu'à ce que tu te retournes vers la *Adamah*[13]. »

La *Adamah*, redisons-le, étant la mère intérieure nommée *Ishah* en tant qu'épouse.

« L'Homme doit épouser sa mère afin d'être épousé du Père. »

Nous avions déjà eu l'occasion de mettre en lumière cette grande loi ontologique en abordant la nécessité du mariage intérieur[14]. Or l'« Hébreu » quittant l'Égypte pour aller vers la « terre promise », terre essentiellement intérieure, celle du NOM, symbolisée par Jérusalem, va vers le Père. Il ne pourra faire ce chemin sans se retourner vers la Mère-*Adamah*, et ceci non pas dans la régression infantilisante que j'ai dénoncée plus haut[15], mais dans une acquisition de ses dons constitutifs de la conscience, dans le souffle de l'Esprit saint. Les dix plaies ont été pour lui comme une propédeutique à cette conquête de la conscience, une préparation initiatique suffisamment forte non seulement pour lui faire connaître le chemin qu'il a encore à parcourir, mais encore pour le faire naître à un autre niveau de lui-même le rendant « fils nouveau ». Comme toute naissance, elle a été marquée par une effusion de sang venant de la mort qui lui est jumelle, symbolisée par celle de l'agneau. Le sang de l'agneau teintant la porte de l'« Hébreu » est comme celui qui rougit la vulve d'une jeune accouchée. Lorsque l'Épée plonge alors au cœur de l'Égypte, YHWH bénit, car le Fils est de même qualité que l'Épée, et l'Épée le reconnaît.

YHWH « passe au-dessus » de la porte des Hébreux.

Ce « passage au-dessus » qui « épargne » les Hébreux est Pesaḥ, la Pâque !

Le nom de la Pâque est celui du passage de YHWH, qui permettra secondairement le départ des Hébreux, leur propre passage hors d'Égypte, mais le mot ne sera plus le même. En soi, la Pâque est le fait de YHWH, même s'il a été appliqué par la suite au peuple hébreu.

L'Épée « passe au-dessus » de la maison où vient de naître un « fils » ; elle s'abat sur celle où règne la stérilité et se fait destructrice de l'enfant que l'on chérissait.

Le nom du « Destructeur » est celui du Messie !...

Jésus le confirmera, Lui le Messie :

> « Celui qui n'est pas avec moi est contre moi [16] »,

dira-t-il, parlant du Christ intérieur et donc de l'Épée !

Comment rester indifférent à cette loi inexorable dans sa rigueur, et qui laisse place à l'infinie tendresse divine pour un homme qui voit sa faute et se retourne dans son cœur d'où jaillissent les larmes ?

On m'a appris, étant enfant, que je devais tout à mes parents. Mettant à mon tour des enfants au monde, j'ai découvert que je leur devais tout. Je leur dois de m'accomplir : leurs maladies, voire leur mort sont mes maladies et ma propre mort intérieures. Lorsque l'Épée passe sur la maison de l'« Égyptien » que je suis, elle fait de mes enfants le miroir de mes erreurs, de celles des ancêtres, de celles du groupe. Mais sur l'« Hébreu » que je suis, elle bénit « jusqu'à la millième génération », dit Dieu à Moïse [17].

Mes enfants me conduisent impitoyablement « vers moi-même » ; et je sais qu'il ne s'agit pas de « punition » suscitant une culpabilité tout aussi destructrice que l'erreur de l'inconscience, mais d'un éveil de conscience, si l'on sait regarder le miroir avec les yeux du cœur.

Saint Nectaire d'Égine[18], alors supérieur d'un collège de jeunes gens dont il se sentait comme le père, vit arriver un jour dans son bureau, durement menés par un surveillant, quatre étudiants dont la dispute s'était terminée en injures et en coups. Le père Nectaire les regarda longuement droit dans les yeux et avec une infinie tristesse les renvoya sans le châtiment qu'espérait l'accusateur. Surpris, celui-ci le fut plus encore lorsque le supérieur fit venir le cuisinier du collège et lui demanda de le laisser dans un jeûne total pendant trois jours.

Saint Nectaire avait renversé les responsabilités ; il avait eu les yeux du cœur... Sa purification et sa prière plongèrent leurs racines dans l'âme de ces quatre « fils » et en brisèrent l'écorce de stupidité plus que toute « punition » génératrice de prolongements de violence.

Une « transfusion sanguine » subtile, amoureuse, peut ainsi tout transformer, même si cela n'est compris que de très peu... Mais il est vrai que cette transfusion de fils intérieur à enfant selon la chair implique de naître dans la souffrance !

« Dans la douleur tu mettras au monde des fils[19] »,

dit Dieu à Ishah qui vient de consommer le fruit défendu et de le donner à son époux.

Cet enfantement intérieur qui, ontologiquement, devait se faire dans l'épreuve d'une déstabilisation nécessaire, se poursuit, dans notre douloureux conditionnement, dans la souffrance de l'animal blessé auquel nous sommes réduits. C'est au creux de la souffrance qu'un homme se réveille : lorsque, tels Job « saisis par la nuque nous sommes brisés », c'est alors que nous ouvrons notre cœur. C'est au creux de la souffrance que je me suis éveillée et que de plein fouet j'ai reçu l'évidence de ces lois, en plein visage, un visage qui cherchait à contempler Dieu et qui n'a vu que ses meurtres !

Parmi les « neuf béatitudes » qui ouvrent la prédication de Jésus[20] et qui se révèlent d'ailleurs intimement répondre aux neuf premières « plaies », la sixième est celle qui me touche le plus :

« Bienheureux les cœurs purs car ils verront Dieu. »

Qui peut se croire un cœur pur qui ne soit passé par l'exigence du *Waw* agissant en lame de l'Épée pour couper les prépuces ?

Qui, recouvert d'une lèpre qu'il prend pour un vêtement d'or, peut prétendre voir Dieu ?

La fournaise de Son amour peut seule nous guérir et nous conduire à nos épousailles profondes où notre vision est alors lèpre, boue, peste, inconscience totale dont l'odeur est puante. « Le sang de l'œil », telles sont les « larmes » dans le mot hébreu qui les traduit, coule en abondance.

Et voici que d'une manière inattendue, la Lumière du Soleil increé pénètre jusque dans la sombre prison de l'âme, cette lumière qui remplit tous les espaces cosmiques. Avec tendresse, elle envahit notre esprit et notre cœur. Nous la voyons et nous demeurons en elle, et pourtant nous ne sommes pas encore en mesure de croire à ce miracle de la Bonté de notre Père.

> « Quand ils Le virent, ils se prosternèrent : d'aucuns cependant doutèrent [21]. »

Ils « doutèrent » car ils n'étaient pas capables d'assumer ce qui était arrivé : « Moi pauvre et misérable... est-ce vraiment possible [22] ? »

Prémices de la Lumière incréée, le soleil de la terre de Canaan, qui va maintenant éclairer les Hébreux après les ténèbres de l'Égypte, ne soulèvera pas moins le doute dans leur cœur !

« Est-ce possible ? »

demande encore aujourd'hui l'enfant qui interroge son père le soir de *Pesaḥ* :

> « Qu'est-ce qui différencie cette nuit de toutes les autres nuits ?... »

NOTES

1. Je suis allée à l'essentiel de ce récit pour rendre compte de la Pâque, mais j'invite le lecteur à en lire la totalité : Exode XI et XII.
2. *Cf.* : *supra*, p. 51.
3. Hébreux IV, 12.
4. Luc II, 6.
5. Jean XIX, 26.
6. Jean XVIII, 40.
7. Genèse XXII, 1-20.
8. Genèse XXII, 7.
9. Jean I, 29.
10. Isaïe LIII, 7
11. D'après les travaux de Nicolas Kemp, qu'il me transmit par lettre personnelle le 20 avril 1985.
12. Jean VIII, 44.
13. Genèse III, 19, déjà cité p. 46 et 92.

14. *Cf.* : *supra*, p. 151 et A. de F., t. II p. 22 et t. III p. 237.
15. *Cf.*: *supra*, p. 150.
16. Matthieu XII, 30.
17. Exode XX, 6.
18. Saint Nectaire d'Égine, 1846-1920.
19. Genèse III, 16.
20. Matthieu V, 1-12.
21. Matthieu XXVIII, 17.
22. Archimandrite Sophrony, *Voir Dieu tel qu'Il est*, Éditions Labor et Fides, p. 110.

14

«Le passage de la mer Rouge»

Exode XIII, 17-22 et XIV

«Or, lorsque Pharaon eut laissé partir le peuple, Dieu ne les dirigea pas sur le chemin de la terre des Philistins, laquelle était proche, car Dieu dit : De peur que le peuple ne se ravise à cause de la guerre et qu'il ne retourne en Égypte. Dieu détourna le peuple par le chemin du désert vers la mer des Joncs (mer Rouge) et les fils d'Israël s'élevèrent de la terre d'Égypte par cinquante. Moïse prit avec lui les ossements de Joseph car celui-ci avait fermement adjuré les fils d'Israël en disant : Certainement Dieu vous visitera et vous élèverez mes ossements d'ici avec vous. Ils voyagèrent depuis Soukot et ils établirent leur camp à Étam, à l'extrémité du désert. YHWH marchait devant eux le jour dans une colonne de nuée pour leur indiquer le chemin, et la nuit dans une colonne de feu pour illuminer et pour qu'ils marchent le jour et la nuit. La colonne de nuée le jour et la colonne de feu la nuit ne cessaient d'être devant le peuple.

YHWH parla à Moïse en disant : Dis aux fils d'Israël de se retourner et de camper devant Pi-Ahirot, entre Migdol et la mer, devant Baal-Tsephon, en face de ce lieu, au bord de la mer. Pharaon dira que les fils d'Israël se sont égarés dans le pays et que le désert se ferme sur eux. J'endurcirai le cœur de Pharaon et il les poursuivra. Et je ferai peser ma puissance sur Pharaon et sur toute son armée et les Égyptiens connaîtront que moi JE SUIS. Ils firent ainsi.

On raconta au roi d'Égypte que le peuple s'enfuyait. Alors le cœur de Pharaon et de ses serviteurs changea vis-à-vis du peuple et ils dirent : Qu'avons-nous fait en renvoyant Israël de notre service ? Il fit atteler son char et prit son peuple avec lui. Il prit six cents chars d'élite et tous les chariots d'Égypte avec des guerriers sur chacun d'eux. Et YHWH durcit le cœur de Pharaon, roi d'Égypte, et il poursuivit les fils d'Israël et les fils d'Israël s'en allaient triomphants. Les Égyptiens qui les poursuivaient les atteignirent à leur campement au bord de la mer. Tous les chars de Pharaon, ses cavaliers, son armée, les rejoignirent à Pi-Ahirot devant Baal-Tsephon. Comme Pharaon approchait, les fils d'Israël levèrent leurs yeux et voici que les Égyptiens étaient devant eux ; ils furent remplis d'effroi et crièrent vers YHWH. Ils dirent à Moïse : Est-ce qu'il n'y a pas de tombeaux en Égypte pour que nous soyons pris par la mort au désert. Qu'est-ce que tu nous as fait en nous faisant sortir d'Égypte ? N'est-ce pas cette chose dont nous te parlions en Égypte lorsque nous te disions : Laisse-nous servir les Égyptiens car mieux valait pour nous servir les Égyptiens que de mourir au désert. Moïse dit au peuple : Ne craignez pas, attendez et vous verrez l'assistance de YHWH qui vous sauvera aujourd'hui car vous avez vu les Égyptiens aujourd'hui mais vous ne les verrez jamais plus. YHWH combattra pour vous, et vous, tenez-vous tranquilles.

YHWH dit à Moïse : Pourquoi m'implores-tu ? Dis aux fils d'Israël de se mettre en route. Et toi lève ta verge et étends ta main sur la mer et fends-la et que les fils d'Israël entrent au milieu de la mer, dans le sec... Et moi, voici moi, je durcirai le cœur des Égyptiens et ils entreront après eux et j'appesantirai ma puissance sur Pharaon et sur toute son armée, sur ses chars et ses cavaliers. Et les Égyptiens connaîtront que moi JE SUIS YHWH dans ma puissance sur Pharaon et sur ses chars et ses cavaliers. L'ange de Dieu qui voyageait, marchant devant la troupe d'Israël, alla derrière eux ; la colonne de nuée passa de devant eux derrière eux ; elle vint entre la troupe des Égyptiens et celle d'Israël et la nuée fut ténèbres (pour les uns) et éclaira la nuit (pour les autres) et de toute la nuit les uns n'approchèrent pas les autres. Moïse étendit sa main sur la mer et YHWH fit reculer la mer par un vent d'est très fort toute la nuit, et il mit la mer à sec et les eaux se séparèrent. Les fils d'Israël entrèrent au milieu de la mer et les eaux devinrent pour eux une muraille sur leur droite et sur leur gauche. Les Égyptiens les poursuivirent et entrèrent après eux tous les chevaux de Pharaon, ses chars et ses cavaliers au milieu de la mer.

Ce fut la veille du matin, dans la colonne de feu et de nuée YHWH regarda l'armée égyptienne et paniqua l'armée égyptienne. Il bloqua les roues de ses chars et ils avançaient pesamment et les Égyptiens dirent : Fuyons devant Israël car YHWH combat pour eux contre l'Égypte.

YHWH dit à Moïse : Étends ta main sur la mer et les eaux se retourneront sur les Égyptiens, sur les chars et les cavaliers. Moïse étendit sa main et la mer se retourna sur son niveau, au petit matin, comme les Égyptiens s'élançaient en retraite, et YHWH culbuta les Égyptiens au milieu de la mer. Les eaux se retournèrent et engloutirent chariots, cavaliers et toute l'armée de Pharaon qui étaient entrés après eux dans la mer. Et il n'en resta pas un.

Les fils d'Israël avaient marché à pieds secs au milieu de la mer et les eaux pour eux étaient une muraille sur leur droite et sur leur gauche.

En ce jour-là, YHWH sauva Israël de la main de l'Égypte et Israël vit l'Égyptien mort sur le bord de la mer. Et Israël vit la main puissante avec laquelle YHWH avait œuvré sur l'Égypte et le peuple craignit YHWH et ils eurent foi en YHWH et en Moïse son serviteur.

AVEC Miryam la prophétesse, sœur de Moïse et d'Aaron, j'aimerais maintenant prendre mon tambourin et chanter et danser la gloire de YHWH, car en ce petit matin de *Pesaḥ*, toutes les femmes la suivirent ; chanter et danser la Gloire de Jésus, car son NOM émaille en filigrane la totalité du récit lorsqu'Il « œuvre » et qu'Il

« sauve » le peuple d'Israël. (Le nom de Jésus, *Yeshoua* en hébreu, se trouve écrit de ses quatre lettres, au temps employé dans ce récit, dans les verbes « faire », *Assoh* et « sauver », *Hosea*.) Je me glisse parmi ces femmes, me réclamant de cet Israël que nous ne pouvons que spirituellement être si nous nous disons chrétiens, et exultant avec elles au cœur de la rupture de toute norme pour accueillir la vie dans l'impossible devenu réel !

Car ce qui vient de se passer est tout simplement prodigieux ! Je reprends ce mot « prodige » qui, dans le texte, nomme ce que nous appelons couramment « plaie » pour les neuf premières épreuves. En celles-ci déjà, Dieu avait fait éclater ses merveilles. En réalité, ce sont des « signes », voire des « manifestations ». Nous les appelons « prodiges » parce que nos yeux, antennes inflexibles de nos cœurs durcis, ne voient que l'événement, la « chose » en soi, rigidifiée dans le seul espace-temps qu'ils captent et auquel cette chose est radicalement étrangère.

Le prodige devient merveille ou scandale révoltant selon son impact sur les différentes personnes qu'il touche : merveille pour l'« Hébreu », abomination pour l'« Égyptien ».

Dans les deux cas, l'événement bouscule, désarçonne et parfois terrifie, pour faire croître et libérer ; car tel est le sens de l'irruption de la transcendance divine dans le monde lorsqu'elle pénètre l'Homme de Son Épée pour « sonder les reins et les cœurs », appeler l'Épouse... l'aimer !

La transcendance ne se prouve pas mais se manifeste et éprouve le dissemblable pour l'amener à la ressemblance ; elle trouve l'un qui l'accueille sur le chemin, l'autre qui le rejette et qui se réfugie dans les eaux du semblable à lui-même — son inconscient — où il se noie.

Et pourtant tout homme demande des miracles. Son univers l'étouffe. Semence de divin, il appelle le divin, mais comme si ce dernier ne devait intervenir que selon son bon plaisir, n'interpellant aucunement l'Homme dans son être ainsi irresponsable.

Aux scribes et pharisiens, les « intellectuels » de l'époque qui demandent à Jésus :

> « Nous voudrions te voir faire des miracles »,

Il répond :

> « Il ne vous en sera donné d'autre que celui de Jonas. De même que Jonas demeura trois jours et trois nuits dans le ventre du poisson, le Fils de l'Homme demeurera trois jours et trois nuits dans le sein de la terre...[1] »

Jonas, prophète en Israël et se détournant de sa redoutable mission de prophète, s'embarque pour Tarsis, loin de Ninive où il devait aller. L'Épée plonge au cœur de la mer dont les flots se soulèvent en une effroyable tempête, le bateau menace de couler. Terrorisés, les marins interrogent le ciel et découvrent que c'est en ce voyageur inconnu, réfugié au fond de la cale et plus encore dans un sommeil profond pour tenter d'oublier sa tempête intérieure, que gît la cause du drame. « Dormeur, debout, lui disent-ils, qui es-tu ? Qu'as-tu fait ? » Et aux aveux de Jonas ils le jet tent à la mer. Un grand poisson engloutit Jonas, dans les entrailles duquel il reste trois jours et trois nuits. Lorsque Jonas se souvient de YHWH... le grand poisson le dégorge sur la terre sèche.

Jonas rend grâce et chante :

«[...]
Les eaux m'avaient enserré jusqu'à l'âme,
L'abîme m'environnait
L'algue encerclait ma tête
J'étais descendu jusqu'aux racines des montagnes
Les verrous de la terre étaient tirés sur moi pour
[toujours
Mais tu m'as fait remonter de la fosse
YHWH mon Dieu!...[2]»

«Vous n'aurez pas d'autre signe que celui de Jonas», dit Jésus à ceux dont les pères étaient sortis d'Égypte, comme Jonas de la gueule du poisson, et qui se racontaient depuis lors de génération en génération la merveille. Mais les cœurs s'étaient fermés et n'entendaient dans la nouvelle qu'une histoire lointaine, vidée de son actualité interne et vivante, vidée aussi du lent processus de transformation qui avait saisi les Hébreux pour les conduire, comme Jonas, «sur la terre sèche», vidée enfin de toute connaissance des lois de la création!

Car le Christ renvoie le pharisien que nous sommes au troisième jour de la genèse, après celui des grandes ténèbres du deuxième jour, et surtout au troisième jour de ses propres enfers, dans la splendeur de Sa Résurrection. Et ces deux temps habitent «l'instant» de notre être.

Au troisième jour de la Genèse, Dieu dit :

«Que les eaux qui sont au-dessous de l'étendue se rassemblent en un lieu un,
et que le sec apparaisse[3].»

Les eaux « qui sont au-dessous de l'étendue » symbolisent l'inconscience à l'intérieur de nous, ce qui nous échappe totalement ; convoquées par Dieu, elles reçoivent l'ordre de se rassembler « en un lieu UN », dont chacun de ces trois mots est en hébreu un Nom divin[4] ; les eaux sont appelées à faire de la « matière divine », ce qui est précisé dans le texte par cette seconde partie de l'impératif divin : « et que le sec apparaisse ». Au niveau de la lecture où nous nous situons, il n'est pas question d'un retrait des eaux pour que la terre (c'est ainsi que le « sec » va être appelé) apparaisse, mais de ces eaux elles-mêmes qui deviennent du sec ; de l'inconscience qui se transforme en conscience. En termes modernes nous parlerions d'une « prise de conscience ».

Au fond du ventre du grand poisson, Jonas a été saisi par cet ordre divin dès qu'il s'est souvenu de son Seigneur. Alors il a vu et pu nommer sa peur, sa veulerie, sa désobéissance... autant d'énergies négatives dont il se repent, c'est-à-dire qu'il retourne en lui-même, qu'il « épouse », et qui deviennent de la lumière. Et le poisson vomit Jonas « sur le sec » dans un champ de conscience nouveau que, dans le souvenir de YHWH et avec Lui, il a constitué. C'est la résurrection ! Une force neuve, celle des énergies retournées, conquises, envahit le prophète qui aussitôt prend le chemin de Ninive et remplit sa mission.

Israël a traversé « ses eaux » pendant les neuf premières épreuves que l'on peut appeler « convocations » divines à se rassembler et à se mesurer à l'Épée. A chaque convocation, comme dans un retournement, Israël a « coagulé » ses eaux. A la dixième « plaie » l'Égypte vomit Israël « sur le sec ». C'est la résurrection ! Une force immense envahit le peuple et le pousse à suivre Moïse et à s'engager sur ce « sec » !

Rien ne nous prouve, cependant, dans la logique d'hier, que ces eaux dans lesquelles ces hommes et femmes se sont débattus si douloureusement pendant quatre cent trente ans ne vont pas à nouveau les engloutir. Ils ont peur et se retournent contre Moïse qui les a engagés dans une aventure impossible, folle, selon les normes propres à l'Égypte :

> « Mieux valait pour nous servir les Égyptiens que de mourir au désert. »

Au moment précis de la mutation qui implique en effet une mort, la tentation de la régression est terrible ! Mais la force de YHWH est plus grande ; elle est irrésistible ; les Hébreux s'engagent et c'est cela la foi : le saut dans l'inconnu, dans l'incroyable même, et dans ce que l'on nommait impossible ; parce que les lois qui régissent ce nouveau champ de réalité ne sont plus les mêmes : l'impossible se fait possible ; l'incroyable devient tangible, et l'Homme construit l'Arbre de la Connaissance, qu'il est et dont il devient un fruit nouveau, un « Fils » !

Les Hébreux avaient bien emporté, comme l'avait ordonné YHWH[5] « tous les objets d'argent et d'or des Égyptiens », ce qui signifie toutes les valeurs qui éclairaient leur intelligence et qui fondaient leur sagesse en pays de servitude, celles auxquelles ils avaient l'habitude de se référer et qui faisaient loi. Il n'était pas question d'abolir ces lois, mais de « les emporter avec eux », c'est-à-dire de les intégrer pour se laisser porter à un autre niveau d'elles. « Quitter père et mère[6] » ne veut pas dire les renier : « Tu honoreras ton père et ta mère[7] », mais ne plus vivre leur relation à eux dans un état de dépendance car le fait de les quitter et d'assumer cette désécurisation renvoie celui qui en fait l'expérience à sa seule « lumière », son seul « rocher », dans l'orient de son être, YHWH. Et Lui, YHWH, redonne alors à cet homme un nouveau « père » et une nouvelle « mère », soleil et lune, or et argent nouveaux, ressortissant à la terre à laquelle il accède.

Pour les Hébreux quittant l'Égypte, YHWH se fait « colonne de feu pendant la nuit, colonne de nuée pendant le jour ». Le nouveau registre de lois auquel président ces deux luminaires d'une intensité tout autre est celui d'une réalité qui n'exclut pas la première ; elle l'inclut et commence de révéler son cœur. Les Hébreux n'ont cependant pas encore atteint à l'unité promise par le prophète Isaïe : En ce temps-là

> « il n'y aura plus pour toi de soleil pour t'éclairer ni de lune pour t'illuminer car YHWH sera ta lumière pour toujours ; et ton Dieu, ta splendeur[8] »,

promesse confirmée par l'apôtre Jean dans sa vision apocalyptique de la Jérusalem céleste :

> « La ville n'a d'ailleurs besoin ni du soleil ni de la lune pour l'éclairer car la Gloire de Dieu l'illumine, et sa lampe est l'Agneau[9]. »

Les Hébreux mangent encore les fruits de la dualité ; et YHWH se fait « colonne de feu » pour éclairer leurs descentes nécessaires dans les ténèbres ; Il se fait « colonne de nuée » pour tamiser l'incandescence de la lumière qu'IL EST et dont Israël va s'approcher de naissance en naissance.

Israël marche à pieds secs au cœur de la « mer Rouge » guidé par le saint NOM « JE SERAI » révélé à Moïse, pour continuer sa route en terre libre, aller jusqu'au bout de lui-même, et mettre au monde « JE SUIS », le Messie, auquel il accédera dans la Jérusalem terrestre. Mais alors la nuée sera si forte que beaucoup ne Le reconnaîtront pas ; quelques-uns Le reconnaîtront mais ne Le suivront pas ; seul un « reste » Le suivra... Mais ce « reste » est le « levain » ! (jeu de mots hébreu).

La « mer Rouge » est en réalité dans le texte hébreu *Yam Soph*, la « mer de la limite » ou encore « la mer des joncs » — le jonc étant une plante qui pousse à la limite du sec et de l'humide et qui « joint », qui fait se succéder le sec à l'humide. Elle n'est dite « rouge » que parce qu'elle engloutit, avec les chevaux de Pharaon, « l'Homme dont le sang est versé parce qu'il verse le sang[10] », l'« Égyptien » sur qui la mer se referme lorsqu'il veut poursuivre Israël.

Ô prodige inouï !

Il peut être ressenti comme une « onzième plaie » pour les Égyptiens : après la mort de leurs aînés, hommes et animaux, il s'agit maintenant de celle de la cavalerie de Pharaon, c'est-à-dire de ce que symbolise la force de l'Homme lorsqu'il l'investit dans une destination totalement étrangère à sa vocation :

> « Ce n'est pas dans la vigueur du cheval que Dieu se [complaît :
> ce n'est pas dans les jambes de l'Homme qu'Il met [son plaisir[11] »

car les jambes devraient obéir aux impératifs de la démarche intérieure. Et lorsque cette vigueur des Égyptiens est anéantie, celle qui a fait d'Israël «le premier-né de YHWH[12]» donne son premier fruit. C'est la Pâque! et Miryam chante :

> «Je chanterai YHWH car il a fait éclater Sa Gloire.
> [...]
> Tu as miséricordieusement conduit ce peuple que Tu
> [as délivré.
> Tu l'as conduit par Ta Puissance vers Ta Sainte
> [Demeure.
> [...]
> Tu l'as conduit et planté sur la montagne, Ton
> [domaine,
> Au lieu que Tu t'es préparé YHWH,
> Dans Ton Sanctuaire que Tes Mains ont fondé.
> YHWH est Roi pour toujours et à jamais[13]!»

Le passage des Hébreux n'aurait pu se faire, nos «naissances» personnelles, celle à laquelle est inexorablement conduite l'humanité entière, ne pourraient s'accomplir sans la Pâque de YHWH Lui-même, celle à laquelle Jésus prépare les siens lorsqu'Il leur parle de Jonas.

Car Dieu Lui-même s'est enfermé dans une «limite», celle-là même qu'Il a créée et dans laquelle Il s'est incarné, depuis le ventre de Marie «dont les entrailles rendues plus vastes que les cieux furent Son Trône[14]», jusqu'au tombeau que fut le crâne d'Adam, le Golgotha. Et celui-ci fendu jusqu'à la racine laisse soudain jaillir la gloire de Dieu infiniment riche et cependant enrichie de celle de l'Homme, désormais unie à la Sienne.

Jean-Baptiste, « le plus grand parmi les fils de la femme », celui qui avait reconnu l'Agneau de Dieu, venait d'être « décapité » : l'humanité femelle, dans sa lignée mâle, celle d'Israël, s'était donné un « fils » en lui, et ce fils lui-même venait de s'effacer devant le « Fils de l'Homme ».

Jésus de Nazareth, Fils de l'Homme et Fils de Dieu, « récapitule » l'Adam total. Crucifié au monde, verticalisé au plus haut de l'Arbre, Fruit de l'Arbre de la Connaissance, totalement mûr, il se détache alors et tombe dans la nuit de sa dernière matrice, celle du « crâne ».

Nul ne connaît le mystère de ces ultimes noces, celles du fils accompli, dont j'ai déjà approché les signes qui nous en sont donnés, celles qui conduisent l'Homme devenu dieu à devenir « rien » dans l'ouverture éclatante du noyau de son être, le poudroiement de sa lumière !

Au sommet du mont Sinaï, au cœur de leur expérience du désert qui va suivre la Pâque, les Hébreux vont voir monter Moïse qui recevra de YHWH la Torah, « bouche à bouche [15] », dans un baiser.

Plus haut encore, parce qu'Il aura assumé l'Abîme, Jésus conduit l'Homme à recevoir plus que la Torah, dans un baiser qui unit son être au non-Être, son NOM à l'Innommable, sa lumière à la non-lumière... dans le foudroiement de l'Arbre de Vie.

L'éclatement du tombeau, plus discret qu'un éclat de rire, n'est certainement que le signe le plus voilé de la sortie de « la mer de la limite », le signe de l'indicible Réalité, si voilé qu'il échappe à tous, si ce n'est à Miryam. Miryam n'est plus la sœur de Moïse ivre de chant et de danse, mais elle est encore une Miryam qui fait écho à la première ;

elle est Marie de Magdala qui, elle, pleure en son cœur bouleversé la disparition de son Seigneur. Le tombeau est ouvert, vide : « On l'a enlevé », se dit-elle !

C'est le petit matin, une aube « encore noire » et fragile de printemps. Tout le monde dort et la nature complice du mystère se tait. Personne ne saura, si ce n'est ceux des apôtres à qui Marie va annoncer la nouvelle ; ils ne veulent pas croire ; ils accourent, constatent ; atterrés, ils repartent. Marie, restée seule, pleure et se penche encore une fois dans le tombeau pour regarder la place laissée vide : lorsque soudain deux anges vêtus de robes resplendissantes l'appellent et lui disent :

> « Pourquoi chercher parmi les morts le Vivant ?
> Il n'est pas ici ; Il est ressuscité ! »

Marie ne peut le croire !

Se retournant elle voit un homme qu'elle croit être le jardinier :

> « Si c'est toi qui l'as enlevé, dis-moi, où l'as-tu mis ? J'irai le prendre ! »

lui dit-elle.

« Marie ! »

Lui répond-Il[16].

Et la première parole du Ressuscité est, à travers le nom de cette femme, le nom de sa mère. Marie ! Les larmes de Marie se transforment en joie ; elle ne L'avait pas reconnu ; mais à la voix, le Verbe se révèle ; le « Vivant » affirme Sa Victoire sur la mort. Il est vraiment ressuscité.

Seuls les anges en sont témoins, et avec eux Marie, celle qui a beaucoup péché, beaucoup aimé, que Jésus a pardonnée et qui, tout en participant des « choses » de la vie, atteint aussi aux octaves qui touchent au « Verbe », là où elle entend chanter l'inaudible, briller l'invisible, et que ne peut capter l'Histoire.

L'Histoire n'a prise que sur ce qui relève de ses catégories. La Résurrection brise toute catégorie ; elle fait irruption dans l'Histoire et en fait éclater les limites ; elle sectionne toute continuité.

Lorsque Dieu se fait Homme, Il entre dans les catégories de l'Histoire ; en employant nos mots humains inadéquats à Lui, je dirai qu'Il « se brise » pour s'y modeler et y cacher Sa Gloire. L'Histoire Le conçoit et L'annonce dans ce qu'elle en voit ; elle Le consigne dans ses archives au même titre que les sages et les prophètes ; elle se rassure en annonçant aussi Sa Mort à laquelle assiste une foule d'hommes et de femmes, à la suite d'un procès qui a réuni les plus hautes autorités de l'époque. Mais qu'Il ressuscite est pour elle scandaleux ; qu'elle ait à réviser ses normes et ses lois pour intégrer en elle ce phénomène nouveau, c'est du délire ; que l'Homme ait à casser les protections bétonnées de son cœur, qui paradoxalement le retiennent prisonnier de lui-même, pour appréhender le nouveau, voire le libérant, cela est impossible.

Et lorsqu'il croit faire sienne l'idée de la Résurrection, cet Homme, ce n'est le plus généralement que dans une superstructure intellectuelle ou émotionnelle d'ordre religieux, qui ne change rien à son cœur ni à sa vie : il croit que quelque chose de fou s'est passé, il y a deux mille ans, à laquelle il veut bien admettre qu'il y accédera après sa mort, mais sa vie n'en est pas moins identifiée à l'Histoire et à ses valeurs. Il n'y a pas de place en lui pour le Ressuscité! Il n'y a nulle place pour le souffle de l'Esprit qui fait de chaque instant de l'Histoire l'espace réel de la Résurrection. Et pourtant, si l'actuelle réalité de la Résurrection n'est pas posée en postulat de chaque instant, celui-ci n'est que mort.

La résurrection fonde et vainc toute mort, elle explique son énigme, lève son absurdité, apaise la révolte qu'elle soulève, donne sens à la vie, l'arrache aux ténèbres; elle en brise les tombeaux et ouvre les cœurs à la vision du tout autre, à l'expérience de l'impossible rendu possible, à l'ivresse d'un amour qui participe du banquet divin...

Elle ouvre les eaux de la mer Rouge, et le cri d'Israël, l'enfant naissant, jaillit comme un éclat de rire!

Mais l'Histoire, elle, reste en Égypte; et nombreux sont aujourd'hui les chrétiens qui y retournent et l'y retrouvent. Le rire se brise et laisse place au sourire ou à la moquerie.

La porte de la Sagesse divine est plus étroite que le chas d'une aiguille!

NOTES

1. Matthieu XII, 39-40.
2. *Cf.* : Le Livre de Jonas, parmi les douze «petits» prophètes.
3. Genèse I, 9.
4. *Cf.* : A. de F. t. I, chap. 9.
5. Exode XI, 2 — Citation rappelée *supra* p. 167.
6. *Cf.* : *supra*, p. 163.
7. Exode XX, 12.
8. Isaïe LX, 19.
9. Apocalypse XXI, 23
10. Genèse IX, 6.
11. Psaumes 147, 10.
12. Exode IV, 22.
13. Exode XV, 1-18.
14. Tropaire de la Fête de Toussaints.
15. Nombres XII, 8.
16. Ensemble de textes puisés chez les quatre évangélistes relatant la Résurrection du Christ.

15

« Le rire »

ET pourtant...

Le rire d'Israël est essentiel, sacré ; il domine la révélation biblique depuis la naissance d'Isaac, fils d'Abraham, jusqu'à la Résurrection du Christ, Fils de l'Homme et Fils de Dieu, en embrassant la vie des Hébreux et en particulier leur sortie d'Égypte ! Il ne peut être confondu avec nos rires infantiles ou moqueurs qui cependant tiennent de lui la fonction organique qui les génère et le pouvoir libérateur qu'ils déterminent ; et c'est pourquoi Sarah, mère fondatrice d'Israël, les sépare l'un de l'autre avec autorité ; son autorité sera contestée par Abraham, son époux, mais confirmée par Dieu.

Le premier « rire » est Isaac lui-même dont le nom hébreu *Yitsḥaq* est « il rit » ; le second fuse de la gorge enfantine de son demi-frère Ismaël.

Abram — premier nom d'Abraham — a quatre-vingt-six ans lorsque dans un premier temps il engendre Ismaël de la servante Hagar, son épouse Saraï étant stérile. Le nom de Saraï signifie « princesse » celui de Hagar, « l'étrangère ». Hagar est de plus égyptienne ; elle appartient au pays qui retiendra les Hébreux en servitude.

Le couple Abram-Hagar est fécond au tout premier degré de la fécondité, celui tout « animal » de « l'Adam du sixième jour », celui de l'Homme-esclave capable de mettre immédiatement au monde un enfant dans un contexte d'« inaccompli » exprimé en hébreu par l'« impur », qui exigera donc au quarantième jour un rite de purification.

Fécond selon la chair à quatre-vingt-six ans, Abram est encore stérile dans son être intérieur dont Saraï, « la princesse », est le symbole. Abram est stérile dans ce qui fait le « principe » même de son être.

Le couple Abram-Saraï prend dans cette perspective une étonnante dimension car il est le prototype d'Israël — et coextensivement à lui, de l'humanité et de chaque être humain — appelé à devenir « Fils » dans l'œuvre mystérieuse de déification. C'est pourquoi l'histoire de la soudaine levée de sa stérilité lui permettant de mettre au monde un « fils » qui, de plus, est « le rire » nous touche au plus profond de l'être !

Abram a quatre-vingt-dix-neuf ans lorsqu'il reçoit la visite de YHWH qui dresse avec lui l'Alliance appelée celle « de la circoncision ». Car aux termes de cette Alliance — j'ai déjà eu l'occasion de la signaler[1] — Abram promet de circonscire tout mâle né de lui et de sa postérité alors que YHWH promet à Abram la fécondité. La coupure du prépuce du sexe mâle est symboliquement celle des ténèbres qui recouvrent la lumière, le sexe étant lui-même symbole de lumière, c'est-à-dire du Verbe que l'Homme est appelé à devenir.

Dans le premier temps de sa vie, l'Homme est en effet procréateur par le sexe, dans la deuxième partie de sa vie, il devient créateur par le Verbe. Entre ces deux fonctions est un lien étroit qui se manifeste au plan physiologique même et qui joue, comme chez Moïse, tout au long de l'évolution de l'Homme dans une distribution d'énergies privilégiant l'une, puis l'autre lorsqu'un travail intérieur se fait.

Mais au moment où YHWH promet à Abram la fécondité, Abram rit[2]!

> «Est-ce qu'un enfant peut naître à un homme de cent ans? Est-ce que Saraï qui a quatre-vingt-dix ans peut encore enfanter?»

Son rire éclate comme éclate en Saraï la lettre *Yod*, de valeur 10, qui, sur la demande divine, se partage alors en deux *Hé*, de valeur 5, dont chacun vient habiter chacun des deux époux. Leurs noms deviennent donc Abraham et Sarah, obéissant à l'Archétype YHWH. Le rire d'Abraham éclate parce qu'éclate en Sarah le sceau du saint NOM, qui retenait jusque-là figée «la semence» et qui maintenant libère la fructification de l'arbre.

Le rire d'Abraham éclate parce que se déchire en lui la «tunique de peau» de la servitude[3]. Il vit avec Sarah les prémices de la sortie d'Égypte — Abraham devra quitter la servante égyptienne. Mais sur le moment cet «impossible» n'atteint pas encore les zones profondes de son être. Et lorsque plus tard YHWH vient encore le visiter le Seigneur interpelle cette profondeur :

> «Où est Sarah, ton épouse?
> — Voici, dans la tente[4]»,

répond-il.

La tente étant le symbole du sanctuaire intérieur, la

réponse d'Abraham signifie que, cette fois, il est relié à lui-même, prêt à épouser Sarah dont il avait affirmé peu de temps auparavant qu'elle était sa sœur[5] !

S'approchant de la tente, YHWH confirme à Abraham l'incroyable nouvelle. Sarah entend et elle rit !

Le premier rire avait secoué Abraham et avait mis en place les énergies dans l'immédiateté de lui-même ; ce deuxième rire va plus loin.

> « Sarah rit dans son ventre et dit : Vieille comme je suis, y aura-t-il encore pour moi de la jouissance, et mon Seigneur est vieux[6] ! »

Dans le jardin d'Éden (jardin de jouissance) la rencontre de tout être avec son féminin, épouse des profondeurs, pour donner naissance à un « fils » nouveau, provoque la jouissance, voire l'ivresse (ivresse de Noé et celle des apôtres au jour de la Pentecôte). La jouissance est l'expérience d'un état différent, totalement nouveau, doué d'un supplément de vie qui ébranle toutes les structures de deux éléments auparavant étrangers l'un à l'autre, et qui, s'unissant, vivent un « passage » à cet état autre.

Au niveau biologique élémentaire auquel, à un premier niveau de lecture, Sarah fait référence, l'orgasme est un « rire du ventre ». Mais dans un sens plus profond, ce rire planté au cœur de ses entrailles, qu'elle va exprimer au moment de la naissance de son fils, est irruption de la transcendance en elle :

> « Dieu a fait un rire pour moi et quiconque écoutera rira pour moi[7]. »

Il ne s'agit ni d'une plaisanterie ni d'une moquerie mais d'un mystère si grand que quiconque entrera dans sa participation sera secoué de ce même tremblement divin et deviendra fécond, comme Sarah, dans son NOM !

Fondamentalement Israël sera appelé à cette « écoute » qui fera l'objet de sa prière centrale : « *Shema* Israël », « Écoute Israël ».

Écoute le fils en toi !

Bien sûr, celui qui n'écoutera pas se moquera car la moquerie est le rire de celui qui ne se tient pas « à la porte de la tente », dans le souffle du saint NOM ; elle est un rire dévoyé, « chassé du jardin d'Éden », en un lieu où toute jouissance étrangère à ce rire essentiel est inconsciemment compensatrice.

On comprend alors que le rire d'Ismaël, semblable à tous nos rires inconscients, entre en discordance avec ce *Yitsḥaq*, fils de Sarah, et que Sarah, qui entre en résonance directe avec la mère sacrée des profondeurs, veuille immédiatement les séparer.

Ismaël alors chassé au désert pleurera, de ces larmes qui sont l'envers de nos rires ! Mais lui, ce rire essentiel, en soi est pur, sans envers ; ce qui ne veut pas dire que l'Homme, avec les Hébreux, ne connaisse pas bien des larmes malgré que ce rire ait déjà sa résonance en lui !

Le chant de Miryam, à la sortie d'Égypte, participe de ce rire essentiel. C'est Israël tout entier qui devient « Fils », *Yitsḥaq* !

« YHWH dit : Israël est mon fils premier-né ![8] »

Mais ce rire qui habite le sein de Sarah, dans une incohérence physiologique absolue, qui fuse de la gorge de

Miryam et de ses compagnes à la « prodigieuse » délivrance de la servitude, il est en Marie la « toute pure », le Verbe lui-même incarné dans la chair de l'humanité.

A l'annonce de l'ange Gabriel, Marie est dans la crainte et le tremblement, que l'Ange dans son irruption fulgurante transforme en allégresse :

> « Réjouis-toi Marie !... Tu va concevoir et enfanter un fils et tu lui donneras le nom de Jésus. »

Mais à celle « qui ne connaît pas d'homme », l'Ange dit encore :

> « L'Esprit saint descendra sur toi, et la Puissance du très-Haut te couvrira...[9] »

Folie !

Si Jésus pleure sur le péché de Jérusalem, sur la mort de Lazare, on ne le voit jamais rire. Mais Il est le RIRE, que déjà Isaac annonçait, qui actualise les lois créées, le « Logos », le Verbe, Dieu se faisant Homme, mais qui bouscule et détruit les lois y faisant accéder et tout ce que l'Homme en pouvait concevoir ! Folie !

Elle va aller jusqu'à celle de la Croix qui fera

> « trembler la terre et se fendre les rochers[10] »,

jusqu'à celle de la Résurrection qui fera éclater le tombeau !

Elle brisera l'Homme engagé en elle pour qu'il quitte son Égypte intérieure et qu'à travers ses dix plaies, il devienne Dieu.

Autre et même folie !

C'est dans l'abîme de cette double « absurdité », de ce à quoi l'Histoire est « sourde », que s'enracine cependant l'incarnation du Verbe, secret du Rire d'Isaac, de celui de Miryam, la prophétesse, et de Marie, la « toute pure ».

Ce Rire déferle aujourd'hui sur un monde tragique, encore esclave, qui pleure de ne pouvoir l'intégrer, mais qui est appelé à la Pâque !

NOTES

1. *Cf.* : *supra*, p. 39.
2. Genèse XVII, 17.
3. Genèse III, 21 — La « tunique de peau » symbole du conditionnement animal dans lequel régresse l'Homme après la « Chute ».
4. Genèse XVIII, 9.
5. Genèse XII, 13.
6. Genèse XVIII, 12.
7. Genèse XXI, 6.
8. Déjà cité — Exode IV, 22.
9. Luc I, 28-35.
10. Matthieu XXVII, 51.

Table

Du même auteur
chez le même éditeur

LE SYMBOLISME DU CORPS HUMAIN, 1991
(Première édition aux Éd. Dangles)

LA LETTRE, CHEMIN DE VIE, 1993

LA PAROLE AU CŒUR DU CORPS, 1993
Entretiens avec Jean Mouttapa

JOB SUR LE CHEMIN DE LA LUMIÈRE, 1994

ALLIANCE DE FEU, 1995
(2 volumes)

LE FÉMININ DE L'ÊTRE, 1997

ŒDIPE INTÉRIEUR, 1998
La présence du Verbe dans le mythe grec

RÉSONANCES BIBLIQUES, 2001

« *Espaces libres* »
au format de Poche

DERNIERS TITRES PARUS

50. *La Psychologie de la divination*, de M.-L. von FRANZ.
51. *La Synchronicité, l'âme et la science*, ouvrage collectif.
52. *Islam, l'autre visage*, d'E. de VITRAY-MEYEROVITCH.
53. *La Chronobiologie chinoise*, de P. CRÉPON et G. FAUBERT.
54. *Sentences et proverbes de la sagesse chinoise*, choisis et adaptés par B. DUCOURANT.
55. *Vivre. Paroles pour une éthique du temps présent*, d'A. SCHWEITZER.
56. *Jésus fils de l'homme*, de Khalil GIBRAN.
57. *Les Chemins du Zen*, de D. T. SUZUKI.
58. *Le 3ᵉ Souffle ou l'agir universel*, de J. GUESNÉ.
59. *Le Testament de l'Ange. Les derniers jours de Gitta Mallasz*, de B. MONTAUD.
60. *Confiteor*, de B. BESRET.
61. *Les Mythes de l'Amour*, de D. de ROUGEMONT.
62. *La Place de l'homme dans la nature*, du père TEILHARD DE CHARDIN, présenté par J. ONIMUS.
63. *Communiquer pour vivre*, ouvrage collectif sous la direction de J. SALOMÉ.
64. *Accroche ta vie à une étoile*, de S. ROUGIER.
65. *Du bon usage des crises*, de C. SINGER.
66. *Parole de terre. Une initiation africaine*, de P. RABHI.
67. *J'attends Quelqu'un*, de X. EMMANUELLI.
68. *Désert, déserts*, de J.-Y. LELOUP.
69. *Le Graal*, de J. MARKALE.
70. *Ultimes paroles*, de KRISHNAMURTI.
71. *Moïse raconté par les Sages*, d'E. FLEG.
72. *Le Doigt et la Lune*, d'A. JODOROWSKY.
73. *Thé et Tao, l'art chinois du thé*, de J. BLOFELD.
74. *L'Égypte intérieure ou les dix plaies de l'âme*, d'A. de SOUZENELLE.
75. *L'Au-delà au fond de nous-mêmes. Initiation à la méditation*, d'A. et R. GOETTMANN.
76. *Le Soleil d'Allah brille sur l'Occident*, de S. HUNKE.
77. *Le Livre des prénoms bibliques et hébraïques*, de M.-A. OUAKNIN.
78. *Le Chant de l'Être*, de S. WILFART.

79. *La Parole au cœur du corps,* entretiens avec J. Mouttapa, d'A. de SOUZENELLE.
80. *Henri Le Saux, le passeur entre deux rives,* de M.-M. DAVY.
81. *La petite Sainte Thérèse,* de M. VAN DER MEERSCH.
82. *Sectes, Églises et religions, éléments pour un discernement spirituel,* de J.-Y. LELOUP.
83. *À l'écoute du cœur,* de Mgr MARTINI.
84. *L'Oiseau et sa symbolique,* de M.-M. DAVY.
85. *Marcher, méditer,* de M. JOURDAN et J. VIGNE.
86. *Le Livre du sourire,* de C. de BARTILLAT.
87. *Le Couple intérieur,* ouvrage collectif sous la dir. de P. SALOMON.
88. *Nous avons tant de choses à nous dire,* de R. BENZINE et C. DELORME.
89. *Tous les matins de l'amour,* de J. SALOMÉ.
90. *L'Orient intérieur,* collectif dir. par M. DE SMEDT.
91. *L'Évangile des quenouilles,* prés. par J. LACARRIÈRE.
92. *Les Mémoires de l'oubli,* de J. SALOMÉ et S. GALLAND.
93. *Qu'est-ce qu'une religion ?,* d'O. VALLET.
94. *Science et croyances,* de A. JACQUARD et J. LACARRIÈRE.
95. *Nicolas Berdiaev, ou la révolution de l'Esprit,* de M.-M. DAVY.
96. *Dernier avis avant la fin du monde,* de X. EMMANUELLI.
97. *Jésus et Bouddha,* d'O. VALLET.
98. *D'un millénaire à l'autre. La grande mutation,* collectif dir. par F. L'YVONNET.
99. *Un Juif nommé Jésus,* de M. VIDAL.
100. *Le Cercle sacré. Mémoires d'un homme-médecine sioux,* d'ARCHIE FIRE LAME DEER.
101. *Être à deux ou les traversées du couple,* collectif dir. par N. CALMÉ.
102. *La Source du bonheur,* de C. BOIRON.
103. *Une passion,* de C. SINGER.
104. *Cent prières possibles,* d'A. DUMAS.
105. *L'Art de vivre au présent,* ouvr. collectif dir. par É. LE NOUVEL.
106. *Manque et Plénitude,* de J.-Y. LELOUP.
107. *Le Cercle de Vie,* de M. SÉJOURNANT.
108. *Le Théâtre de la guérison,* d'A. JODOROWSKY.
109. *Histoire d'âme,* de C. SINGER.
110. *L'Âme de la nature,* de R. SHELDRAKE.
111. *Au nom de la vérité, Algérie 1954-1962,* de Mgr L. E. DUVAL.
112. *L'art du kôan zen,* de T. JYOJI (Inédit).
113. *L'absurde et la grâce,* de J. Y. LELOUP.

La reproduction photomécanique de cet ouvrage
*a été réalisée par l'***Imprimerie Bussière,**
l'impression et le brochage ont été effectués
sur presse Cameron
par Bussière Camedan Imprimeries
à Saint-Amand-Montrond (Cher),
pour le compte des Éditions Albin Michel.

Achevé d'imprimer en juin 2001.
N° d'édition : 19943. N° d'impression : 012727/1.
Dépôt légal : juin 2001.